どうしても
忘れられない彼と
もう一度
つきあう方法

完全版

ANNA

廣済堂出版

完全版刊行にあたって　あなたの未来は無限に広がっています

彼に会いたいのに、会えない。

彼と別れてから、彼を思い出さない日はない。

お互いに好きだったはずなのに、彼はもう好きでいてくれない。

自分には彼が必要なのに、彼は自分を必要としていない。

自分はまだ苦しんでいるのに、彼は自分を忘れて楽しく生きている。

……あなたは今、そんな現実に打ちのめされているかもしれません。

心が通い合うことなく、つきあうまでにいたらなかった失恋もつらいものですが、かつては愛されていた、楽しかった、幸せだった、そんな関係の彼との別れがもたらす悲しみや苦しみは、心を切り裂くほど大きく深いものでしょう。

あなたは今、彼以上に好きな人にはもう出会えないのではないか、明るい未来なんて来ないのではないか、とお先真っ暗な気持ちで、そこから抜け出せそうにもないと感じているかもしれません。

でも、それは100％間違っているということを、私は知っています。

2007年末、私は夫と離婚しました。

その後3カ月以上、朝は叫びながら目覚めたり、昼は突然号泣したり、夜は眠るのが怖くなったりして、一晩たりとも熟睡できた日がないほど、私は追い詰められた状態でした。

しかしそこから少しずつ立ち直り、本を書くようになりました。

そして2010年にこの本の元となる単行本が刊行され、その7カ月後に夫と復縁再婚。

まさにこの本のテーマである「出会い直し」をした結果です。

再婚して現在、とてもよい関係なのは、一度離婚したおかげだと思っています。

別れを終わりととらえるのではなく、リセットされた新しいスタート地点ととらえれば、彼と出会い直し、新しい関係を築く可能性も開かれるのです。

いつでもあなたの未来は無限に広がっていることを、決して忘れないでほしい。

今こうして、あなたと私が出会っているのも、本当に貴重なご縁です。

その恋に対して、あなたのベストが尽くせるよう、一緒に作戦を立てて、がんばりましょうよ。ね！

はじめに　あなたはみるみる〝復縁体質〟になっていきます

「成功する復縁」の解明にとりかかった２００９年6月からの私の半年は、〝復縁〟にとりつかれていた、と言ってもいいでしょう。

考えれば考えるほど、調べれば調べるほど、復縁は、恋愛の真髄がすべて学べる、やりがいのある、魅力的で壮大なテーマでした。

まず、復縁したい女性がどんな気持ちで、どんな行動をとっているのかを調査。それと同時に、実際に復縁したカップル、希望通り復縁に成功した女性、元カノから復縁をもちかけられた男性、自分から元カノに連絡をとった男性、復縁をもちかけた男性の話などをできる限り集めました。

そうすれば、元カノに対する男性の心理、復縁の成功ルールやパターンのようなものが見えてくるかと思ったのです。友人、知人はもちろんのこと、仕事関係の人、初対面の人であっても、男女問わず会う人会う人に、

「復縁したことある？」「復縁した知り合いっている？」「復縁したいと言われたことある？　そのときどう思った？」「復縁したいと思ったことある？」

などと聞き、彼らの別れの原因、復縁までの過程をつぶさにインタビュー。

さらにインターネットや書籍でも、復縁について調べられる限り調べました。

その結果、驚くべきことが判明したのです！

なんと「復縁したい」とがんばって復縁できている人は少なく、実際に復縁している人の多くは、とくに「復縁したい」と思っていなかった、ということです。

ショックなことに、復縁したい多くの人がとっている行動と、実際に復縁している人の行動は、まったく正反対でした。

また、復縁できている人は何度でもできていますし、できていない人は一度もできていない、ということもわかりました。

どうやら「復縁しやすい行動」と「復縁しにくい行動」、さらには「復縁しやすい体質」と「復縁しにくい体質」があるらしい、ということが見えてきたのです。

もしもあなたが「復縁しやすい体質」になって、「復縁しやすい行動」をとることができれば、復縁成功の確率は飛躍的にアップするでしょう。

この本では、「復縁しやすい行動」とはなにか、「復縁しやすい体質」にはどうしたらなれるのかを一つ一つ見ていきます。

この本を読み終わったときのあなたは、今のあなたが想像もできない「復縁しやすい体質」の新しいあなたに変わっているでしょう。

そして好きな彼だけでなく、他の素敵な男性まであなたに惚れて、フラフラと吸い寄せられてしまうでしょう。

「復縁したい」とは、あなたが彼に伝える言葉ではありません。

あなたを大好きな彼が、顔を赤くしながらあなたに言うことなのですよ。

さあ、ここから、私と一緒に幸せな復縁に向かって歩きはじめましょう！

ＡＮＮＡ

第1章

「やっぱりあの人がいい…！」なら取り戻そう

第3章

もう一度、彼の心に火をつける女になる!

第4章 最高の〝再会〟を演出する実践ルール

第5章 今度こそずっと離れない二人になるために

第1章

「やっぱり あの人がいい…!」なら取り戻そう

彼のこと、どうしても忘れられない！

その恋をあきらめる必要はありません

彼と終わってしまった。

なのに、まだあきらめられない。あのころの二人に戻りたい。

だけどあなたがそう言うと、友達や親などのまわりの人たちは、反対しませんか？

「いつまでも後ろを振り返っていないで、前を向きなよ」

「男なんていっぱいいるんだから」

「次を見つけて、幸せになってほしい」

のように。

でも、どうしても気持ちがついていかない。

やっぱり彼とじゃないとイヤ。

彼を忘れられない、忘れたくない。彼とまたつきあいたいのですよね。

好きとか嫌いという感情なんて、本能みたいなもの。自由にコントロールできなくて当然です。

だって、彼のこと「好きになろう」と決心して好きになったわけじゃない。

気がついたら好きになっていて、気がつくと彼のことばかり考えていて。

嫌いになれたら楽なのにね。

だから私は、あなたに「彼をあきらめろ」なんて言いません。

ぜひ、あなたが納得するまでがんばってみましょうよ！

そのために、私にお伝えできることを、全部お伝えします。

そして、あなたにはこう言いたいのです。

そんなに愛せる人に出会えて、本当によかったね、って。

もしかしたら今のあなたは、つらくてそんなふうに思えないかもしれません。

だけどね。

一生でそれほど強く、深く人を愛せることなんて、数えるほどしかないこと。

あなたに、幸せや悲しみ、人間のいろいろな感情を教えてくれた彼は、あなたの人生でとても貴重な人。

人をそこまで好きになれたなんて、祝福すべきことなのです。

今のあなたのつらい気持ち、寂しさ、虚無感でさえ、貴重な贈りものなのですよ。

だって、あなたと彼の当たりまえだった日々を、宝石に変えてくれたのだから。

そして、これからのあなたと彼の当たりまえを、宝石に変えてくれるのだから。

あなたと彼はすごい縁がある

あなたと彼はすごい縁がある、というお話をしましょう。

今、地球には約74億の人間がいるそうです。

その全員と、一人につき1秒ずつ会っていくと、なんと234年もかかるのです！

つまり、仮に生まれたときから1秒に一人ずつ会うことができたとしても、半分にも会えないまま死ぬことになります。

しかしもちろん、1秒に一人ずつ会うなんてことはできません。

あなたは、あなたの親、兄弟、友達、恋人など、同じ人と、何カ月間、何年間、時間をともにしていますか？

だれかと一緒にいる時間が長くなるほど、それ以外の人に、どんどん会えなくなるわけです。

つまり、あなたの人生で、あなたが会える人はとても限られていて、1秒どころかほとんどの人とはまったく会えないまま、駅や街ですれちがうことさえないまま、ほんの一部の人間とだけ関わり、過ごして、死んでいくのですね。

たった一度、2時間お茶をしただけの人でも、その人とそんなに長い時間を過ごすことになったのは、とても縁があったということなのですよ。

ということは、**何カ月も、何年も一緒に過ごしたなんて、あなたと彼はすごく縁があった**ということなのです。

あなたの人生を見ても、そんな人はとても限られていませんか？

そして、それは彼にとっても同じで、彼にとってもあなたは、縁のある、人生にとって重要な役割を果たし、影響を与える人。

あなたは彼にとって、生きているうちに出会える、数少ない人間のうちの一人ということなのです。

これは銀座のクラブで、初対面のお客さんに話していたネタです。

「そう考えると、今、私とあなたがこうして何分もお話しているっていうのは、すごい縁なんですよね」

と言うと、相手の方は「ほう」と、ちょっと感動した感じになります。

彼はもちろんのこと、あなたが関わる人は、みんな特別なのですよ。

数字で証明できる縁のお話です。

どんな別れ方でも復縁のチャンスはあります

ちょっとの行動で可能性はどんどん上がる

「彼をあきらめられないけれど、あんな終わり方をしたから、絶対にムリ」

「彼の気は変わるはずがない」

と言う女性が多いです。

私が、

「そんなのわからないよ。可能性は必ずあるんだから、決めつけることないじゃない」

と言っても、

「いやいや、ないないない」

とかたくなに首を振ります。

もちろん、それで彼を忘れて次にいかれるなら、心から応援しますよ！

でも、本当は彼を忘れられない、あきらめられないのならば、〝100％可能性のない恋〟なんて一つもない、ということをどうか忘れないでください。

この世に〝100％〟とか〝絶対〟なんてないのです。

そもそも、「彼とまたつきあいたい」と思うこと自体、あなたの中に必要性や、なにか感じるものがあるということ。その時点ですでに、可能性は芽生えているのですよ。

よくある質問に、

「復縁できる確率って、一般にどのくらいなんですか？」

というものがあります。私のお答えはいつも、

「決まっていません。あなた次第です」

復縁できる人はいつも高確率でできます。

復縁できない人はいつもできません。

あなたが復縁できる体質になってしまえば、確率は高くなります。

あなたの行動や在り方によって、確率はおもしろいほど変動します。

もちろん相手によって、性格も、つきあいの深さも、別れの原因もまったくちがいますので、最善を尽くしても、確率がある程度までしか高くならないかもしれません。

だけど、あなたにできるのは、今あなたに与えられた条件と環境の中で、最大限に確率をアップさせることだけです。

復縁できる確率は、あなた次第で変えられるのですから。

復縁から結婚までたどり着いた人も

復縁したカップルのお話をたくさん聞いてみてわかったことがあります。

それは、〝１００％復縁できるパターン〟や必勝法なんてない、ということ。

なにか答えを見つけたかったのですが、

「別れて○カ月後に、こういうメールをすると復縁できる」

「こういう理由で別れた場合は復縁できる」

「こういう別れ方をしていたらムリ」

などの鉄板ルールは見つけられませんでした。

それは、普段だれかを好きにさせるときに、必勝法がないのと同じですね。どんなやり手のナンバーワンホステスでも、スゴ腕ナンパ師でも、「高確率で落とせる」というだけで、「100％落とせる」わけではないのですから。

でも、たとえば、

「きみを好きかどうか、わからなくなった」

と言われて別れたのに、1週間後に、

「やり直したい」

と言われ、復縁できた人がいます（個人的に1カ月以内の復縁は、ケンカの範疇だと考えていますが）。

また、別れ際にさんざん泣いてわめいて、家に押しかけて、

「二度と会いたくない」

と着信拒否までされたのに、1年後に復縁できた人もいます。

彼女が彼の仕事を邪魔するということで、毎回ケンカになり、ついに別れ、4カ月後に彼女から「元気？」と連絡をして、再会し、復縁した人もいます。

「結婚は考えられない」

と言われて別れたあと、数年後に共通の友達の飲み会で再会し、復縁して結婚した人もいます。

復縁のためのいろいろなマニュアルや方法がありますが、それらも必勝法というわけではなくて、復縁の確率をできる限り高めるための手段でしかありません。

逆にいえば、**復縁の成功パターンなんて決まってないからこそ、どんな場合にも可能性はあります。**

つまり、〝１００％復縁ができないパターン〟なんて、見つからなかったのです。

だからあなたの恋も、必ず可能性があるのですよ。

しかし、〝１００％確実に復縁できる方法〟は見つけられませんでしたが、ほとんど確実に復縁できていない行動はありましたよ。

それはあとの章で、追ってご説明していきますね。

復縁の確率を高める行動、低くする行動、などの原理をこれからしっかりと学んで、どんどん復縁が成功しやすいあなたになっていきましょう！

「二度と会わない」と言われていても逆転可能？

人の気持ちはいくらでも変わるもの

復縁したい女性にお話を聞くと、

「彼は『復縁はしない』というポリシーがある人だから、絶対にムリなんです」

「『もう連絡することはないから』って言われました」

「別れた人とは二度と会わないらしいんです」

と言うことがあります。また男性も、彼女たちの言うように、

「おれは別れたらオシマイって決めてるから」

「もう一回つきあうとかありえませんね」

と言う人が多いようです。

「じゃあそんな人と復縁なんてムリなんじゃないの⁉」と、ガックリしてしまいますよね。

たしかに、復縁をしたことがある男性や、「復縁も場合によってはありかな？」と思っている男性のほうが、比較的アプローチしやすいとは思います。

しかしそれは、要素のほんの一つにすぎません。

そもそも〝決心〟〝気持ち〟って、固定していて、永遠なのでしょうか？

だとしたら、どうして大半の人の禁煙や禁酒は、続かないのでしょうか？

どうしてあなたのダイエットは成功しないのでしょうか？

私たちは、一度決めたことを、多くの場合守れないのです。

あなたは、今好きな彼の前に、だれかを好きになったことがありますか？

あるとしたら、どうして今は、その人を好きではないのですか？　そのときは、「彼だけを本当に好き。夢中」

という気持ちがあったのではないですか？

その気持ちはどこにいったのでしょうか？

気持ちが変わらないのだとしたら、あなたは今でもその彼を好きなはずなのです。

私も昔、4年間、命をかけて好きだった男性と終わったとき、もう二度と人を好きになることはないだろうし、だれとも結婚はしないと思いました。

しかし実際は、それから一年後には、大好きな人ができましたよ。

〝決心〟や〝気持ち〟なんて、時間の流れとともに、だんだんと変わるもの。だから、「オレは復縁だけはない人間だから」「きみには二度と会いたくない」

という〝ポリシー〟や〝決心〟、〝気持ち〟なんて、

「この人は〝今は〟こういう気分なんだな」「この人は〝今は〟こう思っているんだな」

と、とらえておくのが正解です。

あなたといるほうがもっと幸せだと感じさえすれば、彼の決心も気持ちも、一瞬で変わります。彼自身とまどいながら、

「まさかこのオレが、一度別れた人とつきあうなんて」

「きみの魅力にどうしても逆らえなかった」

と言いながら、あなたに復縁を申し込むのですよ。

元カノが「新しい女」に勝る4つの強み

「なじみがある」安心感は大きい

復縁について研究しているうちに、私は一度つきあった女性には、たくさんの有利な点があると気づきました。

①彼好みである

男性は、女性を見た瞬間、本能的に、

「この女性とセックスしたいか、したくないか」

「しようと思えばできるか、できないか」

を判断する生きものです。

そこで「どうしてもセックスできない」に分類されてしまった女性は、彼のストライクゾーンから大きくはずれていて、彼に女性として愛されるのはむずかしいのです。なぜなら、彼の男性としての本能が彼女を受けいれていないのだから。

しかし彼はあなたとつきあっていました。

つまり、あなたは彼好みの女性なのです。

仮にあなたから押してつきあったのだとしても、あなたを彼女にしたり、体の関係を持ったということは、あなたは彼のストライクゾーンにいるということ。

彼にとって、あなたが女性全体の何割というストライクゾーンに入っていること、これは彼の元カノである、あなたの最大のメリットです。

彼が再びあなたを見かけたとき、「かわいい」「やっぱりいいな」と思う可能性は高いでしょう。彼女がいなくてセックスしたいときに元カノを思い出すという男性は多いのです。

あなたは不本意かもしれませんが、あなたの肉体的魅力は、復縁の大きな武器になります。

②二人だけの思い出がある

また、あなたと彼には、二人だけの楽しい思い出があります。

彼がふと寂しさを感じたとき、または二人の思い出の場所に行ったときなど、あなたの笑顔、あなたのやわらかい感触、二人でじゃれ合ったことなど、あなたとの楽しかった記憶がよみがえります。

そして、「幸せだったなあ」となつかしく、あるいはせつなく思うのです。場合によっては、一瞬、別れたことを後悔することさえあるのですよ。

彼があなたと感じたマックスの幸せレベルと、それを感じていた期間によって、あなたに対する未練の大きさは変わります。

彼が最高の至福を、しかも長期間感じていたとしたら、あなたにまた会いたいとせつなく思う確率は高くなります。

③彼の理解者である

男性はプライドが高い傾向にあるので、知らない人には警戒して、

「自分を受けいれてくれるだろうか」

「自分を認めてくれるだろうか」

「バカにされていないだろうか」

などと考え、自分をつくってしまうことがあります。

その点、多くの場合、元カノであるあなたは、彼の理解者であったでしょう。もしそうならば、彼のことをわかって、そのうえで受けいれてくれていた人間として、彼にとって貴重な存在なのです。

彼がこれからつらい思いをしたり孤独を感じたとき、受けいれてくれたあなたの存在を思い出し、支えてもらいたくなる可能性が大きいでしょう。

恋愛相談には、「彼が元カノと連絡をとっていて」「彼が地元に帰ったとき元カノと遊んでいて」などというものがたくさんあります。

「元カノ」がライバルであり、その存在におびえている女性も多いのですね。

ということは、「元カノ」であるあなたは高い確率で彼の心に残っているということなのですよ。

一度つきあった女性ほど安心でき、親しくなれる人はあまりいないものなのです。

④彼の気分がわかる

あなたは彼の性格をよく知っているので、彼がなにを喜び、なにを嫌がるのか、そして彼の態度からテンションをはかることができるところもメリットです。

「攻略したい欲求」をどう満たすかがポイント

元カノは再びつきあえる確率が低い、と思われがちですが、それはいったいどうしてなのか、その理由も見ていきましょう。

①あなたに悪いイメージを持っている

彼からあなたに別れを告げたのだとしたら、彼はあなたに悪いイメージを持っているかもしれません。

別れの原因にもよりますが、多くの場合、トータルで見て〝快〟や〝幸せ〟よりも、〝不快〟や〝苦痛〟が上回ったからこそ、あなたとの別れを決めるからです。

また、外見がストライクのあなたと別れを選んだということは、あなたの内面に魅力を感じなかった、むしろ離れたいと思ったということ。

そして、大人である以上、性格はなかなか変わらないと思われがちです。

②一度すでにつきあっている

「一度つきあった人とは、またつきあっても同じことになる」

と思う男性は多いので、この点では、つきあったことのない女性よりも不利になります。


「あなた＝もうムリ」

という思いこみができていることが多いのですね。

つまり、元カノというだけであなたは対象外になりやすいのです。

③新鮮さがない

人によって程度は違いますが、多くの男性には、知らない新しい女性を開拓したい、落としたい、セックスしたい、という〝攻略したい欲求〟があります。

しかし一度つきあったあなたはもうよく知っていて、飽きたと感じていたり、追いかけたくなるような新鮮さが足りない、という点もデメリットです。

これらのメリット・デメリットを頭に入れておくことで、ツボをついた進め方ができるようになり、やみくもに復縁を目指すよりもだんぜん有利になります。

つまり、あなたは彼にとって「なじみがある」ということなのですね。

彼にとってなじみが深い場合、あなたを思い出してくれることが多くなる分、よくわかりすぎている、飽きているという感覚にもなりやすく、なじみの浅い関係の場合は、飽きも少ない分、リセットしやすいと言えるでしょう。

あなたの復縁を成功させるには、いかにこの「なじみがある」ことのメリットを引き出し、デメリットを打ち消すか、が重要になります。

さあ、これから、あなたの元カノとしてのメリットだけを最大限に発揮していく作戦のはじまりです。

「やり直す」ではなく「出会い直す」スタンスで

いったんリセットして、新たな関係を築く

あなたは彼と「戻りたい」「やり直したい」と思っていますか？

「そんなの当然でしょ」

と思うかもしれませんね。復縁をしたい女性にお話を開くと、

「幸せだったあのころに戻りたい」

「ダメだったところは直すから、もう一回やり直させてほしい」

と願っています。ところが、「復縁したい人」と「復縁した人」を調べていたところ、とんでもないことがわかってしまいました。

それは、**「復縁した人」**の中に**「復縁したい人」**がとても少なかった、ということ。

つまり「復縁したくてしたくて、がんばってようやく復縁できました」という声がほとんどなかったのです。

その結果から私は、もしかしたら皮肉なことに、「復縁したい」という気持ちが、復縁できないように働いている可能性があるのでは、と推測しました。

そして、復縁するカップルの大半は、二人の関係が一度リセットされているということがわかったのです。

あるカップルは、別れて5年後に、サークルの同窓会で再会して意気投合。ときどき会うようになって、自然にまたつきあい、結婚しました。

別のカップルは別れてから、男性が女性に未練があって連絡をしていたのですが、復縁を断られていました。そのうち彼に彼女ができ、彼女を忘れたころ（別れて3年後）に彼女と駅でばったり会い、お茶をし、それからときどき会うようになって復縁しました。

また別のカップルは、彼女が海外で働くことになったため別れ、数年後に帰ってきてから、貸し借りしたものを渡すために会ううちに、復縁して結婚しました。

このように、どちらかがどうしても復縁しようとがんばっているときよりも、忘れたころ、数年後に偶然会って復縁、という形が多いのです。

つまり、二人は元に戻っている、昔に戻っているのではなくて、ある意味、新しく「出会い直し」ているのです。

先日、高校時代につきあっていた彼と13年ぶりに復縁した、という人の話を聞きました。

13年も経ってからまたつきあうなんて、いったいだれが想像したでしょうか。

二人の関係は完全に終わったのだと、本人たちも思っていたことでしょう。

でも、二人は出会い直したのです。

つまり、二人の関係は終わっていたのではなく、復縁するまでに長い長いブランクがあっただけだったということ。

大好きな彼と別れてしまった女性が、

「最後の彼の言葉は『ありがとう』でした」

などとせつなそうに言うのを聞くと、私は、

「ふふっ……♪　これからまたはじまれば、〝最後〟じゃなくなるけどねっ☆」

などと勝手に思っています。

あなたも同じです。

彼が結婚するまで、彼との関係に〝終わり〟なんてないのです。

いえ、彼の離婚後に結婚した人の話も聞きました。

あなたが彼を忘れても忘れていなくても、見えないところで可能性はずっと存在しています。

今は彼との関係のブランクの時期なのかもしれませんよ。

しかし、少数派ですが、片方が復縁を狙っていて、がんばって復縁にこぎつけたケースもあります。

ところがこの場合も、あとで説明しますが、本質的には一度リセットされた関係であり、出会い直していたのでした。

あなたも〝元に戻る〟ことを目指していては復縁はむずかしいかもしれません。

彼と再び〝出会い直す〟ことを目指しましょう！

「一度離れて、彼女は確実に変わった」と思わせる

「同じことを繰り返すだけなら意味がない」

復縁したい女性にお話を聞くと、こう言います。

「昔のラブラブだった時代に戻りたい」

あなたもそう願っていますか？

だとしたら、まずこの考えをチェンジしてください。

「あのころのように再び」という考え方でいる限り、復縁はむずかしくなるでしょう。

なぜなら時間は止まることなく流れているものだから。

あなたと彼が、この先出会い直し、ラブラブになるとしても、時間が経って二人が成長した分、また〝新しいラブラブ〟が待っているのです。

もう、どんなことをしても〝昔のラブラブ〟に戻ることはできません。

それは、もしあなたが彼と別れていなかったとしても、そうなのです。

しかも、現実はあなたが元に戻りたいという〝あのころ〟のつきあいは終わってしまいました。

「あのころに戻りたい」というあなたは、割れてしまった花びんの破片を集めて、その花びんを修復しようとしているのです。

しかし、もちろん破片はくっつかずに、バラバラになってしまいますよね？

だから今からあなたが目指すのは、また彼と一緒に新しい花びんをつくることだけです！


あなたと彼がつきあいはじめたころは、お互いのことがよくわかりませんでした。

そんな中、二人はラブラブでした。

お互いのいいところしか見えていなかったからです。

しかしこの〝いいところ〟というのは、〝自分にとって都合のいいところ〟。

お互いが相手のすべてではなく一部分を、自分にとって都合のいいように解釈していただけなのです。

それから二人にはさまざまなことがあり、相手の全体像を知っていきました。どんどん関係が深まっていくとともに、ラブラブな空気は消え、ついに別れはやってきました。

こんなふうに歴史を重ねてきた二人が、お互いをよく知らなかった、歴史がないころに戻って、同じラブラブになれるはずもありませんし、なる必要もありません。

復縁した多くのカップルはこう言っています。

「一度別れてよかった。今のほうがもっと深い、いい関係になれた」

「以前つきあっていたときは、自分勝手だった」

以前の自分よりも成長しているからこそ、同じ相手と出会い直すことができ、そしてうまくいく自分になっているのですね。

花びんのかけらを手にとって見つめながら、思い出に涙するのはもうおしまい。

こわれた花びんは「ありがとう」と言って捨てましょう。

だって、あなたと彼は、これからまた新しい関係をつくり、新しい思い出をつくっていくのですから！

成長したあなただからこそ彼は惹かれる

私はここ数カ月、話をする機会のあったほぼすべての男性に、復縁をしたことがあるか、復縁についてどう思っているか、復縁を求められたことがあるか、そのときにどう思ったか、を聞いてきました。

すると多くの男性が同じことを言いました。

「復縁なんてありえないよ。一度別れているのに、また同じことを繰り返してどうするの？」

「人間なんてそうそう変わらないのだから、やり直したって同じところでダメになるに決まってるよ」

「どうしてまた同じ苦しみを味わわなきゃいけないんだ」

などなど。つまり、多くの男性が、

「復縁したところで、同じことを繰り返すだけで意味がない」

と考えているのですね。

そして、実際に復縁したカップルの約8割は、数カ月後に別れていました。

しかもみんな、一度目に別れたときと同じ理由で。

男性たちにそのときの話を聞くと、

「やっぱり彼女は変わっていなかった。ムリだとはっきりわかった」

と言います。

だから。

彼と復縁したいなら、今までのあなたをチェンジしなければ！

「オレが知っている彼女とちがう」

と思うからこそ、彼の中にあなたとまたつきあってみようかな、という気持ちも芽生えます。

それなのに私たちは、同じ自分のまま、何度も彼に連絡をとったり、「やり直したい」とアプローチしてしまうのです。

たしかに言えるのは、同じあなたのままでは、復縁はむずかしいということ。

そして仮に復縁できたとしても、長続きせず、別れてしまう確率が高いということです。

彼と出会い直すためには、新しいあなたになっている必要があり、だからこそ、一度リセットしてから再会し、そのあと復縁した、というパターンがとても多いというわけです。

何年か経つ間にそれぞれが成長し、冷静に別れの原因や自分の未熟さを理解できていて、そのうえで新しく出会っているからなのですね。

でも、あなたをチェンジすることで、出会い直すまでの時間を早めることはできます。

そのために、これからその方法を見ていきましょう。

大丈夫、今のつらさは必ず報われます！

助走をつけて、思いっきりジャンプしよう

私はいつも思います。

「恋愛ほど、女性が自主的に自分を変えたいと思うきっかけはないのかもしれない。だから恋愛ってすごいなあ」と。

とくに女性にとって恋愛は、生きるか死ぬか、くらいに大きな問題になっていることが多いです。

恋愛を通して女性は大きく成長し、また、大きな失恋は女性を生まれ変わらせるきっかけにもなります。

20歳前後の私にとって、好きな人は命そのものであり、人生そのものでした。

しかしつきあってもくれない彼を4年間も思い続け、報われず、つらいだけのその恋を自分から終わらせました（彼からしたら、はじまってもいなかったのですが）。

そのとき、世界も命もすべて失ったような感覚になり、私は死のうとしました。

それから1、2カ月経って、ようやく我に返り、そこから、恋愛運が完全に変わりました。

「好きな人や恋人は、私が私らしく幸せに生きていくための環境だ」

と自然に思い、私らしく幸せでいられるような人を選ぶようになったのです。

そして、恋愛が軽やかで楽しいものになり、以前よりモテるようになりました。

それだけではなく、その大失恋があったからこそ、その経験を活かしてこうして本を書くこともできているのです。


今、あなたは、大転換のスタート地点に立っています。

あなたの人生で、あなたが輝くためのこんなチャンスは、めったにありません。

まさにあなたのその〝別れ〟は、飛び箱の手前に置いてあるジャンプ台なのです。

さあ、助走をつけて、思いっきりジャンプしましょう。

別れがなければ届かなかったところまで、飛んでしまいましょう！

〝別れ〟こそ、あなたが羽ばたくチャンスなのですから。

過去なんて余裕で上書きできる

とは言っても、あなたにはまずこんな悩みがあるかもしれません。

「別れるときに最低なことをしちゃった！　最後の印象が最悪」

「『もう絶対に連絡しないで』『顔も見たくない』とまで言われた……」

そこまでひどい別れ方をしても、復縁の可能性はあるのでしょうか？

答：はい。もちろんあります。バリバリあります！

最後の印象は、余裕で上書きすることができます。

あなたは彼とつきあっている間、彼をうんざりさせ、疲れさせ、イヤなイメージを植えつけてしまったかもしれません。

しかし、今日会ったあなたが、品のある笑顔であっさり去って行ったら、それが過去の記憶よりもなによりも、一番強いのです。

過去なんて簡単に上書きされるものなのです。

たとえば体重が80キロあった女性が、ある日、30キロやせてスタイルのよい美女になっていたら、その〝今の姿〟だけが現実であり、事実です。

もしもそれまで、彼女のことが眼中になかった男性でも、目の前の美女が悠然と笑っていたら、彼はクラクラするし、「惚れてまう」でしょう。

「元デブだし！」という悪口なんて、むなしくこだまするしかないのですよ。

記憶なんて夢と同じ、幻です。

今ある現実が最強であり、目の前のステキなあなたの姿が、一番の説得力なのです！

何十年も閉めきられ、完全な暗闇だった部屋も、ドアを開けた瞬間、光で満たされます。

イヤな記憶だってそれと同じこと。光のように一瞬にして上書きすることができるのです。

だけど、もしかしたら彼の中に闇の残像が残っているかもしれませんね。

しかし、それはあくまでも〝残像〟です。〝残像〟は〝現実〟には勝てません。

だからあなたは、

「彼に嫌われた」

「彼にうんざりされていた」

などという、過去の遺物に縛られる必要はないのです。

あなたは、ただ、今のあなたを輝かせることだけに専念してください！

最強なのは「今、この現実だけ」なのですから。

第2章

復縁作戦
まずは
「別れの原因」
分析から

私のなにが、彼の心を離れさせたの？

男には「別れたかった理由」が確実にある

あなたは「復縁屋」という、復縁させるプロの人たちをご存知ですか？

その人たちがどんな方法で復縁させるのかを研究してみたのですが、まず復縁工作員は、ターゲット（復縁したい相手）の職場や行きつけの飲み屋などに潜入し、ターゲットと時間をかけて仲良くなり、腹を割って恋愛の話ができる関係になるのだそうです。

そしてまず、「彼女と別れた本当の原因」を聞き出すのだとか。

復縁させるためには、本当の原因を知ることが一番の近道だからです。

そして依頼人は、元恋人が口にした真実を聞かされます。

それは別れる際に聞いた理由とは違うことも多く、多くの依頼人はショックを受けるのだそうです。

たとえば、新しい女性と二股をかけていた、依頼人の性癖がどうしても受けいれられない、依頼人の外見が悪い、色気がない、どうしても結婚したくない、など。

しかし、**その真実を知って改善するからこそ、復縁できる確率が高くなる**のです。

一般に、男性は別れをきちんと告げようとせず、自然消滅にしたがったり、または女性から別れを言わせようとする傾向にあります。

ある大学の〝別れの調査〟によると、女性から別れを切り出したのは60%、男性から切り出したのは36%だったそう。

つまり多くの場合、別れの主導権を持っているのは女性なのです。

では、男性が自分から別れを切り出すのを避けるのはなぜなのでしょうか?

それは、男性は女性よりも〝契約〟〝約束〟などの〝形〟にこだわり、その形をできるだけ壊さずに保とうとする性質があるからです。

男性が、ある女性と恋人関係である、というその〝形〟をみずから壊すのは、とても抵抗があること。

だから男性は、女性のように、ケンカをして感情的に「もう別れる」などと言う人が少ないのですね。なぜなら男性にとって、「別れよう」そして「つきあおう」という言葉は、決定的な〝契約〟の言葉だからです。

男性にとって「別れ」はストレスであり、もっとも避けたい面倒なことでもあります。

にもかかわらず、彼があなたに別れを告げたのだとしたら、彼の中で確実に理由があったということ。だって男性は、最後の最後まで、自分から別れを言い出したくないのですから。

つまりあなたに別れを切り出した彼は、なんらかの理由で、

「このままではムリだ」「もう耐えられない」「つきあっているよりも、別れたほうが明らかによい」

と思ったのです。

彼が気分や勢いで別れを切り出すことは、ほとんどないと言っていいでしょう。

彼が別れを切り出すまでには、長い間の葛藤やガマンがあった可能性が高いのです。

直すべきところを知って、前向きに作戦を練ろう

「これさえなかったら…」を克服するだけでいい

では、彼があなたに別れを切り出さざるをえなかった理由とは、いったいなんだったのでしょう。彼にとってその理由は、

「これさえなければ好きでいられるのに……」

「ここがもっとよかったら、つきあっていられたのに……」

というものかもしれません。一方で、

「なんとなく飽きた」「理由はないけれど冷めた」

ということもあります。

しかしいずれにせよ、多くの場合、**彼はできることならあなたと別れたくなかった**

し、**できる限りつきあっていたかった**のです。

その彼が別れを選ぶしかなかった原因を正確に知れば、あなたがあなたをチェンジさせるべき方向性がわかります。また、その部分を知ることは、あなたが人間としてよりステキになるためのジャンプ台です。

実際、先にあげた復縁屋さんも、本当の原因が依頼人にある場合は、依頼人を改革させるそうです。それが外見であっても内面であっても、徹底的にやります。

なぜなら、実はこの改革の部分が一番大事で、どれだけ依頼人が問題点を克服したかで復縁の成功率が大きく変わるからです。

復縁後の恋愛がうまくいくかどうかも、やはりここにかかっているのだそうですよ。

本人に直接聞かなくてもわかる

このように、本当の原因を知ってあなたを改革させていくことはとても大事です。

しかし、別れのときに彼があなたに本当の原因を話したとは限りません。

なぜなら本当のことを口にすると、彼が悪者になって責められたり、あなたを傷つけてしまうこともよくあるからです。

でも、たとえ復縁工作員が、いくらターゲットの心が依頼人に戻るように仕向けたとしても、実際に復縁した相手がなにも変わっていないのなら、再び別れるのは時間の問題ですよね。

つまり、多くの男性が別れを切り出したがらないにもかかわらず、あなたの彼が別れを切り出したのなら、彼が別れを告げた理由を知る必要があるでしょう。

それもできる限り正しく、です。あなたも別れるときに、

「仕事が忙しいからあまり会えない」

「今は恋愛したいと思えない」

「なんとなく冷めた」

「今は結婚が考えられなくてきみに悪い」

などの理由を言われたかもしれませんが、必ずしもそれが真実の理由だとは限らない、ということだけ、覚えておいてください。別に人を雇う必要なんてありません。

時間をかけて、成長していくと、だんだんコトの本質が見えてくるものです。

また、別れのときには言えなかったことでも、１年後、３年後に聞いてみると、教

えてくれることもあります。

どうしても真相が知りたいなら、ほとぼりが冷めてから本人に聞いてみるのも一つの手。しかしそれだって、彼が本当のことを言っているかどうかなんて、わかりませんよね。

〝本当の原因をつきとめる〟ことや、〝原因をほじくりかえしてじーっと見つめ続ける〟ことに莫大な時間やエネルギーをついやしすぎることは、逆に後ろ向きで自分を痛めつけるだけの行為です。できる限り本当の原因を知る努力をすれば、それで十分。それに沿って、あなたを改革していきましょう。

原因に思い当たったら、

「わかってよかった！」

と受けとめ、心にとどめておきましょう。

自分を責めたり裁いたりしないで、気づけたら、前を向いてGOですよ！

どんな闇でも光によって一瞬で消えるのですから。

では、きちんとあなたを改革して前に進んでいくために、次項からあなたと彼の関係を整理してみましょう。

これが、別れを決意した本当の原因です

知っておきたい男性の７つの性質

人によって程度の差はありますが、男性は、以下の７つの傾向があります。この性質を頭に入れて、別れの原因を考えていきましょう。

①性欲が行動の基準である
②プライドが行動の基準である
③女性を喜ばせて自分の能力を証明したい
④自分の「好きだ」という感情を自覚しにくい
⑤好きな女性を追いかけて手に入れたい

⑥自由でいたい
⑦癒しの場所がほしい

男のホンネから見る「別れの真相リスト」

では、こういった性質を持った男性が、〝別れ〟を選ぶのはどんな場合でしょうか。

次項から主な原因をあげていきます。

これらの原因は、多くの場合、一つではなく複合しています。

どの原因で彼が別れを決めたのか、彼に確認する必要はありません。そんなことをしても、本当のことを言ってくれるとは限りません。

それよりも、あなたが自分の中で思い当たったり、腑に落ちることが大切です。

そして、以下の要素がなくなればなくなるほど、あなたは、彼を魅了する女性になっていくことでしょう。男性心理の勉強にもなるので、じっくり読んでくださいね。

一般的に復縁しやすい順に★★★～★で表しています。

もちろん復縁までの過程は一人一人の状況によるので、あくまで参考程度にとらえておいてください。

では、彼目線で考えてみましょう。

男のホンネから見る「別れの真相リスト」

《復縁のしやすさ★★★》

- 他に女性がいる
- 他の女性ともつきあってみたい
- 遠距離になった
- 恋愛をする余裕がない
- 不安や寂しさを感じ続けていた

《復縁のしやすさ★★》

- 自由がほしい
- うるさい、怖い
- 面倒くさい、重い
- 飽きた、つまらない
- 最初から好きではなかった、遊びだった
- 仕事の邪魔になる
- 女性として見られない

《復縁のしやすさ★》

- 将来が考えられなかった
- プライドを傷つけられた
- セックスが合わない、つまらない
- どうしてもゆずれない部分がある

では、それぞれを見ていきましょう。

《復縁のしやすさ★★★》

・他に女性がいる

あなたに言わない真の理由で多いのがコレ。

あなたがいながら浮気をしていたことになり、100％彼が悪人ということになってしまうため、彼はこの理由を隠し、仕事や性格の不一致を別れの理由として告げるかもしれません。

しかし、できるだけ別れを告げたくない男性の背中を最後に押すのが、新しい女性の存在であることがとても多いのです。

この場合、別れて1週間後に聞くと、「新しい彼女ができた」などと言うこともありますが、本当はとっくにつきあっていたのです。

また、自分が責められないように、「彼女に告白されてつきあった」と言うことも多いです。

あなたの居心地が悪かったり、あなたに飽きていたり、不満を持っていたり、寂しかったりすると、他の女性に目を向けやすくなるため、まず原因があって、新しい女性に気持ちが移った、というパターンも多いでしょう。

彼が単に新しい女性に目移りし、一時的に夢中になっているのなら、その女性に飽きたりふられたあとで、あなたに戻ってくることも多いでしょう。

・他の女性ともつきあってみたい

彼にあまり恋愛経験がなく、あなたが彼にとっての、はじめてか2人目くらいの恋人であるとき、この理由であなたとの別れを選ぶことがあります。

あなたとつきあうのがどうしても苦痛だというわけではなく、あなたとの関係が安定することで、他の女性ともつきあってみたい、他の女性はあなたよりももっといいのか悪いのかを見てみたい、という興味が芽生えるのです。

あなたと別れるときに、すでに気に入っている女性がいることもあります。

しかし、この理由の場合、他の女性に飽きたり、他の女性が見つからなかった場合、あなたに戻ってくることも多いでしょう。

・遠距離になった

あなたか彼が遠くに住むと決まったとき、または遠距離恋愛の途中で、彼から別れを切り出されるということがあります。原因は主に、遠距離恋愛をする自信がなかったり、または遠距離でのコミュニケーション不足によるすれちがいや寂しさなどです。なかなか会えない距離で、会うのに何時間もかかり、お金も万単位で飛んでいくということになると、会うのが億劫になってしまうのも仕方ありません。そして、「去るものは日々に疎し」ということわざもあるように、あまり会わない人は忘れやすくなります。

彼があなたに会えなくて寂しい中、気が合い、やさしくしてくれる女性が近くにいたりすると、気持ちがそちらに移ってしまうこともあります。

しかし、この場合、彼はあなたを嫌いになったわけではないので、遠距離が解消されれば比較的復縁しやすいといえます。

・恋愛をする余裕がない

彼が仕事で忙しく、精神的または肉体的、時間的な余裕がなく疲れきっているとき、あなたと別れてとにかく少しでも負担を減らし、休みたいと考えることがあります。

また、家庭があまりにゴタゴタしていたり、借金などのトラブルを抱えている場合も、恋愛に向ける気持ちの余裕がないことがあります。

この場合、彼は自分のことでいっぱいいっぱいなので、彼が落ち着くまでなにかをしてもらうのはもちろんのこと、あなたも彼になにもできないかもしれませんし、会うことさえむずかしいことも多いのです。

・不安や寂しさを感じ続けていた

あなたが、彼よりも仕事や趣味、友達のほうをあまりにも優先させたり、あなたからメールや電話などをほとんどしない、またはきても返事をしない、電話をかけ直さない、彼が会いたがっても会わないなどで、彼が寂しい思いをガマンし続けた結果、つらさに耐えられなくなったり、だんだん冷めてしまったりして、別れを告げることがあります。

また、劣等感が強い彼の場合、あなたがモテたり仕事や趣味で充実していたりすると、捨てられる不安を感じ続けることにつらくなって、別れを決めることがあります。

《復縁のしやすさ★★》

・自由がほしい

あなたがあまりにも彼を束縛しようとしたり、「どこにいたの？」「だれと行くの？」など彼のプライバシーを奪おうとしたり、頻繁に連絡やデートを要求して彼の時間やエネルギーをすべて自分のために使わせようとしたりすると、彼は息苦しくなって、あなたに魅力を感じるどころではなくなってしまいます。

彼はあなたと過ごしたいと自主的に思うことはなくなり、「ただ自由になりたい」と思い詰めるようになるのです。

・うるさい、怖い

あなたが彼にしょっちゅう文句を言ったり、攻撃的または支配的な言動をとり続けると、彼はあなたといるのが苦痛になります。

たとえば、彼のご飯の食べ方を「汚い」「下品」と言って直そうとしたり、タバコを吸おうとすると「やめるんじゃなかったの！　くさい！」などと怒ったり、飲み会で遅くなると「また二日酔いで明日起きれないんでしょ！」などと説教したりすると、彼はあなたが文句を言うために彼の言動を見張っているように感じ、離れたくなるでしょう。

そもそも、単純に大声、どなり声を出す女性を愛せなくなる男性は多いのです。

また、「いつ結婚するの？」「ここに置きっぱなしにしないでって言ったでしょ！」など、怖い顔で要求を通そうとすると、あなたをかわいい恋人とは思えなくなります。

・面倒くさい、重い

あなたが不安でいっぱいになって、いつも彼の愛情を確認しようとしたり、心を安定させるために彼の力を借りてばかりだと、彼は面倒くさく、重く感じるでしょう。

たとえばしょっちゅう「私のこと好き？」「どのくらい好き？」「どこがどんなふうに好き？」と聞いたり、彼が「好きだよ」と言っているのに、あなたの望む答えじゃないと「テキトーに言わないで」「やっぱり元カノのほうが好きなんでしょ」などとからんだりすることです。

他にも、よく「寂しい」「会いたい」「今日すごくイヤなことがあった」などと暗い声で、または泣きながら電話をしたり。彼があなたの思い通りにならないと、「もう別れたい」と言ったりすると、彼はあなたとの別れを考えはじめるかもしれません。

・飽きた、つまらない

あなたが彼の予想通りの行動しかとらなかったり、いつも同じ話題ばかりだったり、またはあなたが自分を出さず、あまりに従順で自分の意見を言わなかったりすると、彼は一緒にいても楽しく感じないかもしれません。

そして、あなたがすべてに受動的だったり、真面目すぎて面白みがなかったり、表情にとぼしく、反応が薄かったりすると、彼は「つまらない」と思ってしまいます。

また、あなたが「好き」という感情を一方的に出しすぎると、彼はドキドキできず、あなたに飽きてしまうでしょう。

さらに彼にとって、あなたにまったく尊敬できる部分がなかったり、あなたが口を開けばグチや悪口ばかり言っている場合も、あなたを人として価値がないと感じたり、見下したりして、一緒に過ごすのが時間のムダだと思うようになりやすいでしょう。

・最初から好きではなかった、遊びだった

あなたから押されてつきあった、寂しいからあなたに告白した、性欲を満たしたかったなど、はじめからそれほどあなたに夢中ではなかった、またははじめから遊びでつきあいはじめた場合です。

一度も盛り上がることなく、ちょっとした理由であなたとの別れを決めることがあります。この場合は、彼に未練が残りにくいので、ゼロから完全に出会い直すことが必要になるでしょう。

・仕事の邪魔になる

多くの男性にとって、仕事＝人生です。

彼がより仕事に集中したい場合、仕事に支障をきたすものを排除しようと考えるのです。あなたが仕事の邪魔をしていたのかもしれません。

女性としては自分が悪いと思えないことも多いのですが、実はこの理由で男性がふることはけっこう多いようです。

たとえば彼の仕事中に電話をする、その電話に出ないと怒る、仕事を優先させると怒る、などを、女性は「恋人として当然」と思っていることがあります。

そして、仕事を優先させる彼を「私を愛していない」と責めるのです。

しかし仕事の邪魔になるということは、大きな別れの原因になります。

「仕事と私とどっちが大事？」的な女性は、男性からとても評判が悪いのです。

・女性として見られない

彼とあなたがずっと一緒にいすぎたり、あなたが彼の世話を焼きすぎたり、彼に入れこみすぎたり、あなたからばかり連絡をしたり、会いたがったり、セックスをしたがったりしすぎると、彼はあなたを求める気持ちが消え、女性として見られなくなることがあります。

また、あなたが彼の前で恥じらいをなくし、いつもお風呂上りに裸のままウロウロしたり、彼の目の前でムダ毛の処理をしたり、生理のナプキンをかえたり、おならをしたりしていると、彼はあなたに性欲を感じなくなることが多いでしょう。

さらに、あなたが彼とつきあってから20キロ体重が増えたり、まったくメイクやオシャレをしなくなるなど、外見が大きく変わった場合にも冷めることがあります。

《復縁のしやすさ★》

・将来が考えられなかった

あなたが結婚したい様子だったり、結婚を意識する年齢にもかかわらず、彼が若かったり、まだまだ結婚が考えられない状況だったりすると、彼はあなたとつきあい続けることに罪悪感を覚えることがあります。

また、彼がそろそろ結婚したい場合も、あなたが結婚相手として考えられないと判断すると、嫌いになったわけではなくても別れを切り出すかもしれません。

恋愛するには最高の女性でも、お金や時間、あいさつなどの常識がなかったり、部屋がすごく汚かったりする、あるいは年齢的に子どもが望みにくい、離婚歴がある、子どもがいるなど、彼の親がなかなか賛成してくれないような条件があったりすると、結婚だけはしたくないと思われやすいのです。

・プライドを傷つけられた

あなたがとくに意識していなかった、たった一つの発言、または行動が、彼のプライドをズタズタにすることがあります。忘れたくても、心に突き刺さり、忘れられないのです。それがあまりに彼のプライドを直撃している場合、かえって彼は、「その言葉や行動で傷ついた。嫌いになった」とは言えなかったりします。

彼自身のもっとも弱くて敏感な部分をさらけ出すようなものだからです。

たとえば性的なことは、多くの男性が非常に気にすることであり、かつ、本音を相手に話しにくいのです。

また、あなたが彼の意識しているライバルを褒めた、一番大事にしている価値観を鼻で笑った、あなたがバカにした職業が彼の親の職業だった、など、彼が水に流したくてもどうしてもわだかまりとして残り続けてしまうことがあります。

さらには、あなたのほうが彼よりも身長が高い、社会的地位や収入が上になったなどで、プライドが傷ついてみじめさに耐えられなくなることもあります。

ただし、その一つの言動は最後のとどめであって、それに近いような不愉快さはずっと、うすうすあなたから感じているということも意外と多いものです。

この原因の場合は、真相を知ることがむずかしいかもしれません。

・セックスが合わない、つまらない

あなたが彼とセックスをしたがらなかったり、無反応だったり、苦痛を見せたりすると、彼はあなたとはセックスが楽しめないと感じ、別れを考えることがあります。

また、あなたが、「結婚するまではセックスしたくない」という考えだったりすると、それだけで彼はつきあっていく意欲を失ってしまうかもしれません。

多くの男性にとって、女性とつきあうことのメリットとして、セックスできるということが大きいのです。

・どうしてもゆずれない部分がある

あなたの食べ方、クセなど、あなたにまったく悪気がないにもかかわらず、どうしても彼にとってはガマンできない部分が、あなたに言えずに、つもりつもっていることがあります。

また、彼やあなたが宗教に入っている、彼やあなたの家にしきたりがあるなど、どうしてもゆずることができない部分があったり、あなたに対する親の評判が悪かったりすると、彼にとってそれがストレスになることがあります。

ここにその他の要因が重なると、あなたへの気持ちが消えてしまうかもしれません。


以上、おおよそ考えられる、彼があなたとの別れを決意した原因をあげました。

これらの原因があなたにすぐ思い当たるとは限りません。

時間が経つごとに、自分たちの恋愛が客観的に見えてくるものです。

私が10代のころつきあった彼と別れることになったとき、冷めた原因を聞いたら、「うーん、微妙なフィーリングみたいなものが、ちょっとちがうかなあ」

と、よくわからないことを言われました。

が、今振り返ってみると、「面倒くさい、重い」が続いた結果、「飽きた、つまらない」になり、それでも重く面倒くさい女性でい続けたために、「女性として見られない」そして、「他の女性ともつきあってみたい」「自由がほしい」になったのでは、と推測できます。

さすがに別れてから20年以上経てばわかるものですね。

別れた直後、彼は友達に、「今のオレは、水を得た魚だ！」と宣言してイキイキしていたとか……。

しかし当時の私は、彼が自分に冷めた理由を考えようともせず、なにもわからないまま、時間が心を癒やしてくれるのを待っているだけでした。

今では好きになる人に、

「なにを考えているかわからない」

「どこかに行ってしまいそう」

「でも癒される」

とよく言われるようになったので、痛い失恋は恋愛体質をガラッと変えるものだとつくづく思います。

二人の関係が整理できる〝恋愛年表〟のつくり方

たった1時間で心のモヤモヤもスッキリ

男性が別れを決意する原因を見てきたところで、あなたに思い当たるものはあったでしょうか?

もしかしたらあなたは今、彼についての後悔や未来への不安で、心がグチャグチャになっていませんか?

しかし! たった1時間で、スッキリする方法があります。

それは、あなたと彼の年表をつくること。

これはとても簡単。あなたと彼に起こったことを、順番に書いていけばいいのです。

私はこの本を書くにあたって、復縁希望者の生の声を聞こうという、セミナーのような会合を開きました。

会合への応募には必ず、次のページでご紹介するアンケートと年表を書いてもらったのですが、みなさんから、次のような感想をいただきました。

「カウンセリングを受けたみたいにスッキリ。自分の思いがより、クリアになりました」

「自分の考えが整理できてうれしいです」

「書きながらいろいろ考えていたら『アイツはなんて悪い男なんだ……』とつぶやいていました」

「書くだけでもとても客観的に、気持ちも事実も整理されるなあと思いました。そして、『どうしようもないなあ、私』と思いました」

年表を書いた女性の多くは、自分の恋愛を客観的に見ることができ、スッキリしたのです。それも、たった1時間で！

頭で考えているだけでは、モヤモヤがうずまいているだけですが、すべて紙に書いてしまうと、それをながめながら、

「そうか、これだけのことなのか」

「ああ、私と彼ってこうなんだ」

と、他人事のように客観的に自分の恋愛が見られるようになり、心がとても整理されるのですよ。

あなたもスッキリしてみましょう。

さあ、1時間のご用意はよろしいですか？

〝事実のみ〟をサクサク書き出していく

これから年表を使って、二人の出会いから現在までのいきさつを整理してみましょう。

他人が見てもわかるような書き方で、あなたと彼の〝事実〟を書いていきます。

ポイントは、歴史の年表と同じで「楽しかった」「悲しかった」という個人的な感想や感情を交えず、

「2008年4月から：東京と神戸の遠距離恋愛（会えるのは月イチ程度）」

「2008年12月：私の仕事の契約更新なしが決まったことを告げると『じゃあ東京

で結婚しようか』と言われる」

など、〝事実のみ〟を書いていくことです（右は実際にいただいた年表から許可を得て、掲載しました）。

それでは、サクサク～っと、以下の項目を順に書いていってみてください。

パソコンのキーボードよりも、手を使って、紙とペンで書くほうが効果的です。

・あなたの年齢、職業：
・彼の年齢、職業：
・つきあっていた時期と期間：
・別れてからの期間：
・つきあうまでのいきさつ（年表にする）：
・つきあっている間のいきさつ（年表にする）：
・どちらからふったのか：
・別れの理由（言われた、言った理由）と手段（SNS、メール、電話など）：
・別れの理由（ふられた場合、推測する理由を「別れの真相リスト」参照）：

・別れてから今までのいきさつ（年表にする）：
・現在の彼との関係：
・彼は今、あなたをどう思っているか（推測でかまいません）：
・彼とどうなりたいか：
・復縁のためにがんばっていること：
・あなたにできること：
・あなたがするべきこと：

ただ考えているだけよりも、二人の関係と別れたいきさつなど、全体像が、はっきりと見えてきませんでしたか？

あなたの今日からの大きな指針も、得られたのではないでしょうか？

この紙をながめていると、いろいろなことに気づくはずですよ。

状況が変わったら、どんどん追加して書きこんでいきましょう。

さらにチェック
彼はあなたのココが好き、嫌い
書きこむほど「彼攻略シート」になる

では次に、彼があなたを褒めてくれたところ、ダメ出ししたところを表にしていきます。

この表には、これからあなたがどんどん伸ばし、強調していったほうがいい魅力と、気をつけ、改善していったほうがいい弱点がつまっています。

彼は別れを決めるまでに、あなたにダメ出しをしているかもしれません。だけどあなたが逆ギレしたり全然直さないので、言ってもムダだとあきらめ、心の中だけであなたにツッコミを入れながら、冷めていったのかもしれません。

まずは彼の言葉や表情・態度をよく思い出してみることです。

《彼があなたを褒めてくれたこと、好きなところ》

・料理がうまい
・顔が好き（目、くちびる）
・話が合う、話していて楽しい
・彼の友達に感じよく接する
・思ったことを言ってくれる

《彼があなたにダメ出ししたこと、嫌いなところ》

・カバンの中が汚い
・言葉使いが悪い
・彼の気持ちに無神経なときがある
・普段からもっと化粧をしてほしい
・甘えすぎ

などなど……。

「快」ポイント	「不快」ポイント
《彼が私を好きなところ》 ♥ 顔（特に目、くちびる） → 常に美しさを磨き、維持 ♥ 料理が上手 → ひそかに彼の好きなレシピを増やしていく ♥ 話が合い、会話が楽しい → 彼の喜ぶ話題を調べる → 精神状態を安定させる ♥ 彼の友達に感じよく接する → 友達をさらに大事にする	**《彼が私を嫌いなところ》** ♥ 部屋やカバンが汚い → 1日1回整理を習慣にする ♥ たばこを吸う → 彼の前では吸わない ♥ 彼の気持ちに時々、無神経 → 察して行動や発言の前に一度立ち止まる ♥ 彼に依存しすぎる → 不安やヒマは自分で解消 ♥ 彼に言い返すことが多い →「でも」「だって」を封印 ♥ 自分の要求を押し通す → 一歩引くことを心がける
《彼が喜ぶこと》 ♥ ホメられる → とくに仕事・男気をホメる ♥ イニシアチブをとる → 彼にまかせ、決めてもらう ♥ 頼られる → どんどん甘えて頼る ♥ 彼のバンドの話をする → 興味をもって話題をふる	**《彼がイヤがること》** ♥ 人と比べられる → 彼と他の人を比較した発言を避ける ♥ 彼以外の人にすぐ聞く、頼る → 彼のいるときは他の人には聞かない

そうしたら次に、このよいところをさらに伸ばすにはどうしたらいいのか、悪いところをどうするか、改善策を書きます。この「彼攻略シート」は、彼に再び愛され、そしてこれから末永くつきあっていくためのヒントがつまってる宝の山。

あなたを彼好みの最高にかわいい女性にするための魔法のお守りになるはずです。

これからいつも持ち歩き、彼に連絡したり会ったりする前に必ず確認してください。

「認めたくないこと」もあるかもしれないけど……

あなたは本当は、自覚している10倍以上のことをわかっています。

彼の気持ち、別れた理由、彼を傷つけたこと、あなたが傷ついていたことなども、わかっているのです。

「自分がどうしたいのかわからない」「自分の気持ちがわからない」という場合、それは「わからない」のではなく、「わかりたくない」のが正解。

「え？　私は本当のことをわかりたいです」と思うかもしれませんが、その「本当のこと」が、あなたにとって都合の悪いことである場合、それを「わかりたくない」のです。

たとえば私の場合、４年間も好きだった彼は私とつきあう気がなくて、今思えば言動からとっくに答えが出ているにもかかわらず、私はそれを絶対にわかろうとしませんでした。

その事実は、決して認めたくない、「わかりたくない」ものだったからです。

私の中では、

「彼は本当は私のことが一番好きなのに、ミーハーな人だからそれに気づけなくて、楽につきあえる今風の子とつきあってるんだ。でも一番話が通じて、心の深いところで失いたくないのは私。彼は素直になれない人だから」

という、つっこみどころだらけのことを思いこみ、ストーカー回路全開で自分を保っていました。だからこそ、４年間も思い続けることができたのですね。本当のことをわかってしまったら、そんなに長い間、片思いが続くはずがありません。

復縁希望者の会合に参加したある女性は、参加申し込みに必要な年表を送ってきませんでした。当日聞くと、彼とはつきあいが長くていろいろあるので年表が書けなかった、そのうえ、彼とどうなりたいのか、どうしたいのかもよくわからない、とのこと。「わからないのではなく、わかりたくないのでは？」と問うと、こう答えてくれました。

「はい、今日お話を聞いていて、それがわかりました。本当は彼が好きで、またきちんとつきあいたいという気持ちを、わかりたくなかったんです。今日その気持ちに気づけたおかげで、これから目指す方向が見えました」

あなたがもし「わからない」と思ったとき、「もしかしたら私はわかりたくないのでは？」と自分に聞いてみてください。そうすることで、今まで思考停止していたところから先に進めるかもしれません。

もしかしたら、頭がもやーっとして、ますますなにも考えられなくなるかもしれませんが、あなたにとって「わかりたくないことがありますよ」というしるしです。

ムリに掘り下げようとせず、とりあえず「私にはわかりたくないことがあるんだな」と思っておきましょう。それだけで、ふとしたときに、ほどけていきやすくなります。

本当のことをわかったほうが、あなたの恋愛はもっとうまくいくようになりますよ。

「好かれようとしないと、逆に愛される」法則

私が発見した恋愛方程式の解

二人の年表をつくったり、彼の言葉を改めて思い出してみて、あなたと彼の恋愛の全体像が、なんとなくわかってきたでしょうか。

ここで2004年頃、私が発見した恋愛方程式の解をご紹介しましょう。

この解は、もしかしたら〝別れ〟のすべての原因を取りのぞいたり、解決するものかもしれません。

その解とは、

「私はあなたが好き。私は一人でいても楽しくて幸せ」

です。

あなたが彼に対してこのバランスでいられれば、一度好きになってくれた彼はあなたに飽きませんし、彼があなたから去っていくことはないでしょう。

この解は、「私はあなたが好き」の部分と「私は一人でいても楽しくて幸せ」の部分に分けることができます。

どちらもいい意味ですが、正反対の意味でもあります。

これは言い換えると、「私はあなたが好き。私は私が好き」ということにもなりますし、彼から見たときに、「私はあなたが好き」は〝安心〟、「私は一人でいても楽しくて幸せ」は〝不安〟でもあるのですね。

この2つの要素が絶妙なバランスで両立しているとき、あなたは魅力的で、彼はもっともあなたに夢中になるのです。

自転車や一輪車も、右か左のどちらかに重心が傾くと倒れてしまいますよね？

しかし、左右のバランスを上手にとることができれば、どこまでも倒れずに走り続けることができます。

あなたの恋愛もそれと同じこと。

恋愛がうまくいかないほとんどの場合、このバランスが崩れています。

これまで恋愛の悩みを私が聞いた女性の9割以上がこう言いました。

「『私はあなたが好き』ばかりになって、『私は一人でいても楽しくて幸せ』がなくなっていたことに気づいた」と。

女性が不安になって、彼に一方的に気持ちを押しつけてどんどん重くなってしまうことが、よくあります。

つまり「私はあなたが好き」に重心が傾いて転んでしまうのですね。

あなたの恋愛のバランスは崩れていませんでしたか？

このバランスを考えながら、前述の「別れの真相リスト」を見ると、今回の恋愛のことがもっとよく見えてくるかもしれませんよ。

〝ステータス〟を高く保とう

あなたと彼の関係は〝ステータス〟という尺度を使って、さらに深く理解できます。

ステータスとは、いわゆる社会的ステータスという意味ではなく、相手との関係におけるその人の「在り方」を表しています。

ステータスが高いほど魅力的でふられにくく、ステータスが低いほど魅力がなくふられやすくなるのです。

《ステータスが高い》

・相手に好かれようとして行動しない
・したいようにしている
・マイペース

《ステータスが低い》

・相手に好かれるために行動する
・相手の顔色をうかがっている
・嫌われたくなくて相手に合わせている

つまり、**ステータスが高いとは、相手に影響されず、自分らしく余裕を持っていること。**

多くの人は、好きな人に対して、「好かれたい」「嫌われたくない」という気持ちが強くなるため、どうしても相手の顔色を気にして、ステータスが低くなってしまいます。

ところが皮肉なことに、好かれようとして相手の顔色ばかりうかがって、言いたいことも言わないような人は、かえって魅力的に見えないもの。

逆に、自分らしく自然体で、ステータスの高い人は魅力的なため、興味のない人からばかり好かれるということが起こりがちなのですね。

たとえば、あなたになんとか振り向いてもらおうと、「怒ってる？」「大丈夫？」「楽しい？」「あれ飲む？」などとあの手この手でご機嫌をとり、あなたの下手に出てチョコマカしている男性よりも、あなたに媚びずにゆったりしている男性のほうが、価値があるようで、魅力的に思えませんか？

ということは、**「私は一人でいても、楽しくて幸せ」がなくなってしまうと、ステータスが低くて魅力が少なくなってしまうということ**なのです。

あなたが、

「彼がいないと、私は寂しくて生きていけない！」

という思いを強くすればするほど、あなたの感情や幸せは彼に支配され、あなたのステータスは低くなって、彼にとってのあなたの魅力はなくなりやすいでしょう。

逆に、もしもあなたが、

「私があなたが好き」と「私は一人でも楽しくて幸せ」を同時に思っていられれば、あなたは彼の一挙手一投足に振り回されすぎず、自然体でいることができ、彼にとっての魅力はずっと続くわけです。

別れる前、そして別れたあと、あなたのステータスは低くなっていませんでしたか？

だけど、もしそうだったとしても、それも終わったこと。

冷静にさらっと受けとめたら、あとは前を向いて、一緒に自分を輝かせていきましょう！

第3章

もう一度、
彼の心に火をつける
女になる！

別れて最低3カ月は、自分を磨く「潜伏期間」

連絡を自分から一切しない

では これから、彼と出会い直しましょう！

そしてそれまでに、彼が思わず好きになってしまうあなたになりましょう！

出会い直すために、まずあなたがしなければならないことがあります。

それは、まず、あなたと彼の今の関係を受けいれることです。

あなたと彼は、もう恋人どうしではありません。

それどころか、もしあなたが彼に悪い印象を持たれてしまっているならば、他人以下の関係かもしれないのです。

現在地を正確に把握できていなければ、「復縁」という目的地に向かうことができません。悲しいけれど、彼とはもう終わったということを受けいれましょう。それがスタート地点になるのです。

その次に、**もしあなたが今でも彼と連絡をとっているならば、あなたからの連絡はひとまずやめてください。**

彼と〝出会い直す〟のですから、割れた花びんをそのまま置いておいてはいけません。

割れた花びんはいったん捨てて、新しい花びんをつくっていくのでしたね。

つまり関係をいったん断って、まったく新しい関係をはじめるのです。

そして、ただ関係を断ち切るだけではなく、その間に、あなたを〝復縁できる体質〟にチェンジするのです！

さらに、いったん関係を断つことで、彼のあなたに対するよくない印象もリセットしましょう。

あなたには〝彼を忘れる恐怖〟、ありますか？

「私が彼を忘れたら、彼も私を忘れてしまうような気がして怖い」

と多くの女性は言います。

だけど、それは錯覚です。

あなたが彼を忘れていなくても、彼はあなたを忘れますし、皮肉なことに、あなたが彼を忘れかけたころに、彼はあなたを思い出したりするもの。

むしろ、彼を忘れているくらいのほうが、あなたは本来の、のびのびしたあなたでいられる分、復縁には有利に働くのです。

だから**あなたがまずはじめること、それは「なにもしないこと」**。

復縁作戦というと、メールして、電話して、のように「なにかをすること」を考えがちですが、「なにもしない」ことが、実は一番重要な作戦なのです。

「なにもしない」期間の目安ですが、**①3カ月、②1年、③半年**、の3つです。

①「別れを切り出されて、あっさり受けいれた」「それ以来、連絡もなにもしていない」と、きれいに別れた場合でも最低**3カ月**。

②「別れを切り出されて、あなたがすがって、泣いて、『つきあわなければよかった』『死にたい』『一生許さない』『時間を返して』のような暴言を吐く」「家まで押しかけ

て泣きわめく」など、彼にめちゃくちゃなことをして、しかも彼に拒絶されたならば、**1年**はあなたからなにもしないほうがよいでしょう。

③それ以外の、「別れ際と別れて２週間はすがった」「別れてから連絡をとっていた」「『復縁したい』と言った」「会いに行った」などという場合、これから**半年**はなにもしないようにしましょう。

「え！　そんなに待たないといけないの⁉　長すぎる！」と思いましたか？

しかし、あなたが連絡をしなくても、彼のほうから連絡がくることもよくあります。

その場合は、このあとの第４章「最高の〝再会〟を演出する実践ルール」と「セルフチェック！　復縁達成までの全ステップ」にしたがって行動しましょう。あなたが連絡をするよりも、彼から連絡が来たほうが、復縁しやすいのです。

寂しさや不安に負けて連絡してはダメ！

リセット期間があるからこそ未練を残せる

彼はあなたと別れたいから、別れを切り出したのです。

にもかかわらず、あなたがいつまでも別れを受けいれてくれないと彼は、

「オレは別れたいのに、別れさせてくれない。かんべんしてほしい」

とあなたに悪い印象を持つでしょう。

さらに、彼はあなたとの別れをせつなく味わおうとしているところに、あなたから連絡がきたら、

「別れたっていうこと、ちゃんとわかってるのかな？」

といぶかしく思うかもしれません。

〝相手のNOを受けいれない、無視する〟というのが私のストーカーの定義です。

彼が考え抜いた末に出した〝別れ〟という決断を、勇気を出してあなたに伝えたにもかかわらず、あなたがまるで別れなんてなかったように振るまっていると、彼は、「いくら話しても、説明してもわかってもらえない……」と恐怖さえ覚えたりします。

彼からしたら、それは自分の意志と決断を無視されているということ。

逆に、あなたがそれまでどんなひどいことをしていようと、

「わかった。たくさん迷惑をかけちゃってごめんなさい。この2年間、あなたのおかげで本当に楽しかったし、幸せでした。ありがとう。さようなら」

と言って、さらっと別れると、彼は一瞬、

「オレはものすごいまちがいを犯したんじゃないか？　すごくいい女を手放したんじゃないか？」

と未練を感じるのです。

しかし、こんな最高の別れ方をしていてさえも、最低3カ月はあなたから連絡をとってはいけません。

彼はあなたと別れたかった、ということを忘れないでください。

3カ月は、ふられた側にはとても長く感じますが、彼にしてみるとあっという間。ようやくあなたのいないことに慣れ、ぎりぎりリセットされたか、されていないか、の期間です。

あなたは「私がいないことになんて、慣れてほしくない！」と思いますよね。だけど、**リセットされることなく、あなたが彼の意識の中にずーっと残り続けるほうが、復縁しにくい**のです。

「彼に新しい彼女ができてしまうかもしれないから、私が彼の前から消えるのが怖い」という声もよく聞きますが、彼はあなたが連絡をしようがしまいが、彼女をつくるときにはつくります。

あなたも逆の立場になって考えてみてください。

あなたに気持ちがなくなって、別れを告げた彼がいたとします。彼は別れても、あなたにメールや電話などをしてきます。

そうしたらあなたは、気に入った男性と仲良くするのをやめよう、新しい彼氏をつくらないようにしよう、と思うでしょうか？

……思いませんよね？

だって、その人はもう別れた人であって彼氏ではなく、しかもその前に好きではないから別れたのです。

新しい彼氏をつくる障害にはならないですよね。むしろ元カレのことを、

「早く次の恋愛をしてほしい」

「私を忘れてほしい」

「なんだか申しわけない」

と思わないでしょうか？　ましてや、

「ねえ、新しい彼氏できそう？」

なんて聞かれた日には、

「もうつきあっていないのに、どうしてそんなことを聞かれたり、答えたりしないといけないの！」

と思いませんか？　だから、あなたが連絡をとろうがとるまいが、彼に新しい彼女ができるときには、できるのです。

あなたの不安な気持ちは本当によくわかるのですよ。

しかし、むしろあなたが彼に連絡をとり続けている限り、彼があなたをせつなく、

恋しく思うチャンスを奪うことになり、もっと未練なく彼女をつくるかもしれないのです。

自信がないなら連絡先を消去してしまおう

たとえ話をします。

あなたは友達と話をしていて、「めちゃめちゃおいしいと評判の、つなぎゼロのおそば屋に行こう！」ということになりました。

そこまで車で5時間くらいかかるのですが、それだけの価値がある素晴らしいおそばなので、さっそく出かけました。

ところが2時間経ったところでお腹がペコペコになり、どうしてもガマンができなくて、目についたファーストフード店に入ってしまいました。

ハンバーガーを食べて、お腹がいっぱいになってしまったので、「おそばはまた今度ね」ということで、近くで遊んで帰ってきましたとさ。

人生において、私たちはこういうことをしょっちゅうしています。

つまりあなたの状況に置き換えると、「おいしいおそば屋」というのは、本当の目的である「復縁」のこと。

それを邪魔するのは、目の前にある「ファーストフード店」、つまり**「目先の寂しさや高揚感または不安による、感情的であり衝動的な行動」**です。

今は連絡をとらないほうがいいとわかっているのに、彼を思い出して泣きながら、「会いたい」「好き。もう一回つきあいたい」と電話してしまう。そして彼にうっとうしいと思われてしまい、後悔する。

こういうことが、とても多いのです。

高次の目的を邪魔するのは、必ず低次の欲求です。

多くの人が、目先の感情、欲望に負けて、長い目で見た場合の本当の望みをかなえられません。

至高のおそばを食べたいなら、近くで手に入るハンバーガーでお腹を満たしてはいけません。お腹が空くたびにそうしていたら、いつまでもおそば屋さんにはたどり着けませんよね？

しかもファーストフード店のチェーンは日本中どこにでも、あらゆるところにたくさんあって、簡単に手を出すことができてしまうのですね。

それと同じで、目の前には携帯があり、パソコンがあり、いつでも彼に連絡ができてしまいます。そして感情的になると、

「彼も私からの連絡を待っているかも」

「寂しいって言えば、私のことがかわいそうになって、戻ってくれるかも」

など、連絡をしたいがためにあらゆる幻想を自分でつくりだしてしまうことがあります。

しかしそれでは、目先の空腹は満たされても、心からの満足にはたどり着けないのです。

今の一時的な寂しさや不安で、本当の目的を見失わないようにしてください。

ある意味それは簡単なことです。

〝彼に連絡をしない〟と本当に決めたならば、連絡をしなければいいだけ。

〝連絡をしない〟ということ以外のどんな発想が浮かんでも、それは自分が自分を誘惑している悪魔の声だということは明らかなのですから、ただ無視すればいいだけなのです。

「これをするな」のほうが「これをしなさい」よりもよっぽど楽だと思うのですが、いかがでしょう。

では、一時的な感情を落ち着かせるには、どうしたらいいのでしょう？

一つの有効な方法として、わき出る感情を、どこかに吐き出すことがあげられます。

なんでも話せる友達に聞いてもらう、失恋の掲示板や匿名で作成したブログに思いのたけを書く、ノートに思いをただ書いていくなど、あなたの感情を彼以外の場所に吐き出してしまうことで、高ぶった気持ちを落ち着かせるのです。

そして、３カ月（半年、１年）は決して連絡をとらないと決めたならば、**彼の連絡先を信頼できる友達や親にあずけて、あなたの携帯から消してしまう**ことで、衝動的に彼に連絡をとれなくしてしまうことをおすすめします。

そうして、ファーストフード店への道をなくしてしまいましょう。

男が手放したくない女性の3大要素って？

「一緒にいたら幸せになれる」相手を求める

「彼の考えていることがわかりません」

「どうやったら彼の気持ちが正確にわかるようになるのでしょうか？」

とよく聞かれます。そのときにお答えすることはただ一つ。

「彼はただ、幸せになりたいのです。あなたと同じように、彼も幸せになりたいのです。快を求め、不快を避けたいだけなのです」。

あなたが彼と復縁したいと思っているのも、つまり、幸せになりたいからですよね？

それと同じで、彼もすべての行動を、ただ幸せになるためにしているのです。

彼の行動の理由を探るときには、

「彼は幸せになりたいんだ。つまり、快を求め、不快を避けたいんだ」

ということを頭において考えてみると、どうしてそれをしたのか、また、どうしてそれをしたくないのか、そして、どうしたら彼は動くのかが見えてきます。

とてもシンプルな真実なのですが、彼は、

「この人と一緒にいたら、オレは幸せになれるんだろうな」

と実感したとき、あなたと一緒にいたいと思い、あなたとつきあいたいと思い、あなたを手放したくなくなります。

そして逆も真なり。

「この人と一緒にいたら、オレは幸せになれないだろうな」

と感じたとき、あなたと一緒にいたくないと思い、あなたとつきあいたくないと思い、あなたと離れたくなるのです。

ということは、あなたがするべきは、彼に幸せを感じさせる存在になることだけ。

それが彼を手に入れる一番の近道です。

キーワードは「性欲・プライド・安心感」

では、彼が幸せになれると感じられる女性とは、どんな女性なのでしょうか？
男性が手放したくない、魅力的な女性の３大要素をご紹介しましょう。
以下のような女性は、男性にとって最高に魅力的であることが多いでしょう。

《①性欲を満たしてくれる女性》

・好みの顔
・女性を感じさせるスタイルやチラ見せファッション
・気持ちよいセックス……彼が気持ちがいいのはもちろんのこと彼女も喜んでいる
・性欲をくすぐられる態度……媚びてくるのに追うと逃げるような、男心をくすぐる存在、追いかけて手に入れたくなるような存在であること

《②プライドを満たしてくれる女性》

・ほめてくれる、頼ってくれる、したことをとても喜んでくれる、自分が彼女を幸せにすることができる

・恋人であることが誇らしい……外見が美しい、モデル・客室乗務員などの職業ブランドがある、有名人である、学校や会社など、二人のいるコミュニティの中で人気がある、など

《③安心感を感じさせてくれる女性》

・自分のすべてが好きで、認めてくれ、受けいれてくれる

・話が通じる、話していて楽しい

・常識があり、根本がしっかりしている、人間として信頼が置ける

以上の3つを満たしているならば、おそらくあなたは彼にとって居心地がよく、魅力的であるでしょう。彼に愛されるには、彼は特にどの要素に弱いのかを見抜いて、重点的にその要素を磨きあげることです。

「ずっと待ってる」と言わない、思わせない

「他の男にとられたくない！」不安と欲をあおる

彼が「つきあいたい」「手放したくない」と夢中になる女性には、もう一つの大きな要素があります。とても大事ですから、よーく覚えておいてくださいね。

それは…、

「最高に居心地がよく、同時に、いつまでもここにいてくれるとは限らないこと」です。

つまり、〝私はあなたが好き。私は一人でいても楽しくて幸せ〟を体現している女性。

彼にとって、最高に居心地がよく、一緒にいて楽しい女性でいることは、とくに復縁を目指すなら必須です。そのうえで、「この人はつかまえておかないと、どこかに

ります。

セールスの世界でも、「10名様だけ」「３日間限り」などの〝限定〟は一番効果があります。

いってしまうかも！」と思わせること。

お客さんは、目の色を変えて飛びつくのですね。なにもなければ、

「いつでも買えるし、まあいいや」

と思うところを、限定されることで、

「早くしないとなくなってしまう！　他の人にとられてしまう！」

という不安と欲をあおられるのです。

恋愛もそれと同じ。

いくらすべての条件が最高で、居心地がよい女性であっても、いつでも必ずそばにいて、絶対に自分から去っていかないとわかっていると、彼にとって彼女の存在が当たりまえになって、仕事や趣味、他の女性などに目を向けます。

それは、彼が〝冷たいから〟〝ひどい人だから〟ではありません。

人の心理はそうなっているのです。

あなたも想像してみてください。

もしも、あなたがなにをしても、絶対に去っていかない人とわかっている人がいたら、あまり思い出したり、必死に追いかけたり、気を遣ってサービスしたりしないのではないですか？　たとえばあなたのお母さんに対してはいかがでしょう？

しかし、私たちはだれかを好きになるとよく、みずから、そういう人になろうとしてしまいます。好きな彼に、

「いつでもここにいるからね」

「ずっと待っていていいですか？」

と言ったり、その言葉をすすんで証明しようと一生懸命になるのです。

両思いでラブラブなときは、

「私はずっといるからね。安心してね」

と、どんどん言っていいのです。

だけど彼から「別れよう」と言われたあとで、そんなことを言う必要はありません。

いえ、むしろ、言ってはいけません。

「今でもオレを待っているんだろうな」ではなくて、**「もう、オレのことを忘れて、彼氏ができたのかな」と、寂しく思わせたほうが、復縁の確率は高まる**のですから。

恋愛スキルだけで彼を振り向かせるのは不可能

自分全体のバージョンアップが早道

彼と出会い直すために、あなたを大きくしていきましょう。

あなた全体を底上げしてしまうのです。

彼が好きになってしまうあなたになると、自然と他の人間関係や仕事などもうまくいき、あなたの心も安定するはずです。

恋愛だけをうまくいかせることのほうが、むずかしいのですね。

栄養素について、こんな話を聞いたことがあります。

栄養素は、一つ一つが別々に働くわけではなく、お互いが影響しあって働くものなので、それぞれの栄養素の1日の必要量を100とした場合、あなたがあるビタミンを150くらい摂取したとしても、別の栄養素を20しか摂らなかったとしたら、ビタミンの効果も20になってしまうのだそうです。

つまり、他の栄養素をどれだけたくさん摂ったとしても、一番少なく摂取した栄養素の分までしか、体内で働かないらしいのです。

人生もそれと同じです。

恋愛スキルだけをめちゃめちゃ上げようとしても、仕事についてはいいかげんで、同僚ともコミュニケーションがとれず、いつもまったく続かないのだとしたら、多くの場合、恋愛もうまくいきません。

逆にいえば、恋愛が安定して長く続くということは、人の心を察する能力や、コミュニケーション能力が高いということなので、仕事や友達、家族との関係もうまくいくことが多いのですね。

あなたは、

「彼のことだけうまくいけばいい！」

と思っているかもしれませんが、バランスのよい食生活のように、あなたの全体をバージョンアップするのが、「急がば回れ」で早いのですよ。

あなたはもしかしたら、彼は〝人に弱みを見せないタイプ〟〝感情を出さない人〟と思っていたかもしれません。しかし**彼は本当は、あなたが理解してくれないと思ったり、あなたに嫌われそうだと思って、自分を出せなかった**のかもしれません。

あなたが大きい女性になり、すべてを出しても受けいれてくれると感じられれば、

「はじめて自分をわかってくれた」

と彼は自分をさらけ出し、あなたにハマってしまったりするものなのですよ。

この本に書かれていることを心がけていくと、どんどんあなた全体が底上げされていくはずです。

「正しいプライド」、持てていますか？

恋愛で悩んでいる女性とお会いして、またはメールを読ませていただいて、よく心で叫んでしまうことがあります。それは、

「もっとプライドを持って……！」

「自分を大事にして……！」

ということ。

プライドを持つといっても、もったいぶった感じで、ツンツンすることではありません。

正しいプライドとは、**〝自分のモヤモヤする感覚を無視しない〟**ことです。

モヤモヤしているのに、彼に嫌われたくないから、彼の言いなりになって流されてしまう、こういう女性がとても多いのです。

たとえば、

「どうしてつきあってもらえないの？」

というモヤモヤを持ちながら肉体関係を続けたり、ほとんど返してもらったことがないのに「今度返すから」と言われて、モヤモヤしながらお金を貸してしまう、などです。

もっと、あなたのモヤモヤに敏感になってください。

もっと、あなたのモヤモヤを大事にしてあげてください。

あなたがモヤモヤするということは、あなたの心が「なにかおかしい」「なにか苦しい」と違和感を察知しているということ。

また、正しいプライドのない人は、自分がそこから去らないまま、相手のせいにして、怒り、責め、相手を変えようとすることが多いのです。

こういう人を私は、「被害者面をした加害者」と呼んでいます。相手からしたらいい迷惑なのです。

正しいプライドのある人は、自分のモヤモヤに敏感で、相手が自分を大切にしていないと気づくと、そこから黙って去ります。

そもそも、だれかから、ひどい扱いを受けることがありません。

それは自分がそうさせないし、そういう気配を察したら、スッとそこから消えるからです。仮に物理的に距離を置けないとしても、心からその相手を消すのです。その人を断つのです。

正しいプライドがあるということは、**自分がどう扱われるかを、自分で決められる**ということ。

あなたも、モヤモヤという形で、あなたの心の奥底があなたに伝えている、苦しみの声を聞いてあげてください。

そのことが、あなたのステータスを大きくアップしてくれるのですよ。

存在そのものに磁力がある女性に

別れの原因を知って、あなたを彼と出会い直す復縁体質に変えることは必須です。

でもそれは決して自分をムリに「つくる」ことではありません。

むしろ、本来の〝あなたそのもの〟になることです。

私たちは、

「大好きな人に好かれたい」

「嫌われるのが怖い」

と思って、無意識に相手に合わせてしまうことがよくあります。

だけど、魅力的なのは、**相手の顔色をうかがうばかりの女性ではなく、自分の心地よさも大事にしている**女性。

あなたも彼に好かれるために、自分をつくっていませんでしたか？

あなたが羽ばたくこの貴重なチャンスに〝あなたそのもの〟になって、内側から輝いてしまいましょう！

そのために、気をつけたいことがあります。

それは「思ってもいないことを言わない」こと。

もちろん、大人として社会生活を営み、上司や家族や友人などと関わっている以上、思ってもいないことを言わなければならないような場面は、山ほどありますよね。

だから90％は、今まで通りでかまわないのです。

ところが私たちは、本当のことを言うことが相手を傷つけたり、みんなの迷惑になったり、仕事上さしさわりがあるからというわけでもないのに、なんとなく思ってもいないことを言うクセがついています。たとえば友達に、

「あなたのその考えは自分勝手なんじゃない？」

と言われて、カチンときて、まったく同意できないにもかかわらず、

「あ、そうだよね。アハハ」

とわかったふりをしてしまったり、好きなタレントがテレビで言っていたことを、自分の意見として話したり。

あなたもこういうことをしていませんか？

こんなふうに、思ってもいないことを言うクセがつくと、あなた自身が、〝あなた

そのもの〟を見失ってしまいます。

あなたが本当はなにを感じていて、なにをしたいのか、霧がかかったように、どんどんわからなくなってしまうのです。

「いつでも思ったことを言いましょう」とは言いません。

しかし、せめて「思っていないこと」を言っているのに気づいたら、少しずつやめてみましょう。

まったく同意できないことを言われたら、「あ、そうだよね。アハハ」ではなく、「もっと詳しく聞かせて」「そっかー、なるほどね」などの、否定していないけれど同意もしていない返答に変えてみるとか、何も答えられないときは返事をせずに、ほほえんでいるだけ、とかでもいいのです。

思ってもいないことを今まで10回言っていたのが、9回や8回になるだけで、あなたのにごりが消えていき、存在が輝きはじめるでしょう。

ちょっとしたしぐさ、表情、雰囲気などが変わり、人が思わず惹きつけられる女性になっていくのです。ぜひともお試しあれ！

リセット期の課題、5人以上とデートすべし！

男ゴコロがわかるようになるために

では、正しいプライドを持った大きい女性になりステータスを上げていくには、どこをどうやってバージョンアップしていけばいいのでしょう？

最初に、彼とあなたの関係だけでなく、男性心理、さらには人間心理を正確によく知ることからはじめましょう。

それには、まずあなた自身の考えていることを把握することです。

あなたを見抜くことが、他人を見抜くための、最高の近道です！

自分の考えていることはわかっているとあなたは思うかもしれませんが、多くの場合、あなたが把握しているのは表面的な欲望と感情です。欲望を満たすために自分が自分をだまそうとしている仕掛けやワナを見抜けるようになりましょう。

つねに「自分の思いたい自分」と「本当の自分」が一致しているかチェックしましょう。

そうすれば、彼だけでなく、他人があなたを動かそうとする仕掛けやワナにも気づくようになります。

洞察力や本質を見抜く力が自然と身についてくると、いろいろなことに動揺しなくなり、正体のわからない自信のなさや不安がなくなっていきます。

洞察力や本質を見抜く力は、彼があなたに連絡をとらなくなった理由や、彼があなたの言葉に黙ってしまった理由、あなたと別れた理由など、本当のことを理解するためにも必要なのです。

これが身につくと、彼の心が手に取るようにわかるようになり、彼のうれしいことを言ってあげたり、彼を動かすのも簡単になります。

そしてなによりも重要なのが、あなたの願望や期待、または自己弁護などが入ると、彼の言動を正しく理解できなくなること。

あなたは自分を見破ることで、あなたが勝手に彼にかけているフィルターに気づくことができます。

そのフィルターに気づいてはがしていくごとに、どんどん、コトの真相が見えてきて、あなたのとるべき行動がはっきりわかるようになるのです。

また、自分を見抜く練習と並行して、多くの恋愛指南本を読むことです。

目につくもの、有名なものからいろいろ手にとってパラパラながめ、自分の中にスッと入ってくるものをかたっぱしから読んでみましょう。

そこには、男性特有の性質や思考回路が書かれています。

何冊も読むと、書かれていることが共通していることに気づくはずです。

それが男性の本質です。

あなたの好きな彼も、その本質通りに考え、行動しています。それを熟知することで、あなたは彼の言動に動じない、大きな女性になるのです。

本番前の実地レッスン

あなたが彼を理解し、彼を包みこめる大きい女性になるためには、本を読むだけではなく、実際に男性と接することです。

せっかく本を読んで効果的なホメ方をマスターし、素直な気持ちの伝え方を学んだとしても、いざ好きな彼を目の前にすると、さらっとできるものではないのです。

また、男性の性質を肌で感じると、彼がなにを考えているのか、どう感じているのかが、正確にモニターできるようになってきます。

私が「水商売をやってよかったなあ」と思うのは、何千人もの男性と話したことで、この不器用で人見知りな私が、よく笑う、よくウケるなどの適切なリアクションを、反射的にとれる体質になったことです。

考えるよりも前に相手に応じて「すごいね！」「おもしろい！」「うそ、はじめて聞いたよ」などの基本ホメ言葉が出てきます。

数をこなすって、本当に大事！

「習うより慣れろ」は本当です。

反射レベルになってしまえば、こっちのものですよ。

本を読んだだけで好きな彼と接するというのは、楽譜を見ただけで一度も練習せずに、発表会で演奏するようなもの。

どんな人でも、練習もせずに、いきなり本番でうまくできるはずがありません。

しかし純で潔癖な私たちは、好きな彼に一途で、

「彼以外とはデートなんてとんでもない！」

と思っていたりします。

しかし、私はあなたに課題を出します。**最低５人の男性とデートをしてください。**

べつに彼らを好きになる必要もつきあう必要もないのです。

ただ男性と２人で会って、本で学んだことを、実際の男性で試してみてください。

その男性には「元カレが忘れられなくて」と言ってしまってもかまいません。

「５人デートは、自分から誘ってもいいんですか？」

とよく聞かれますが、好みのイケメンをどんどん誘ってください。

ついでに「あなたから誘った場合」「相手に誘われた場合」の相手の連絡の内容やお誘い頻度、スキンシップの仕方の違いなどを体感してみましょう。

今は好きな彼がいて、他の男性に好かれても好かれなくてもかまわない、という余裕があるので、あなたのステータスは高くなっていて、いつも以上にモテると思いますよ。

また、男性から誘われたり、男性とたくさん接したり、ホメられたり、チヤホヤされたりすることは、あなたの心とお肌の美容液になります。

彼ひとすじで視野がせまくなっている状態から、少しゆとりが出るかもしれません。

前述の3カ月、半年、1年というリセット期間をすぎていても、彼に連絡をするのは、最低5人とデートしてからと、ここに義務づけます！

彼氏を探すわけではない、好きにならなくてもいい、練習だから、と思うと、気楽にデートができませんか？

どんな5人とデートしようか、ワクワクしながら選んでください！

自分を「お姫様」にしてくれるものにお金をかける

エステに行って磨かれるのは、体だけじゃない

さて、あなたに提案したいことがあります。

それは、今こそあなたをバージョンアップするイベントだと思って、自分にお金をかけましょう！　ということ。

お金を貯めるのは、ココゾというときのためですよね？

そして**今は、大好きな彼を手に入れるための、ココゾというとき**ではありませんか？

べつに大金をかける必要なんてありません。あなたが使える範囲でかまいません。

今までもったいないと思って使わなかったところに、今回だけはお金をかけてみましょうよ！

《新しいことをはじめる》

さあ、このチャンスに、やりたくて後回しだったことをはじめましょう！

復縁の会合に参加したある女性は、帰ってからさっそく、興味がありながらやっていなかったヨガをはじめ、ずっと通いたかった英会話教室の資料請求をしたそうです。

おそろしいことに、人間は毎日決まったことしか考えず、限られた少ない言葉だけを使って生きているのだといいます。

つまり、思考や感性が固まっているのです。

ところが、**まったく縁のなかった世界に足を踏み入れると、今まで使ってこなかった部分が開拓され、自分がより広がり、大きくなる**のです。

あなたが新しいことをはじめれば、ものの見方も豊かになり、理解できる人間も増え、新たな刺激があなたを活性化させてくれるでしょう。

そうなると、彼のことや彼との恋愛が、今とはちがった方向から見られるようになり、彼の感じていたことや考えていたこと、恋愛がうまくいかなかった理由などがわかるようになってくるのです。

そして、再会した彼があなたを見たときに、彼の知らない新しいあなたを感じ、本能的に魅力を感じてしまうのですよ。

《外見を磨く》

このチャンスに、外見にも新たにお金をかけましょう。

先日、元ホステス仲間と会ったときのこと。

もともと肌のきれいな女性でしたが、明らかにもっとピッカピカのツヤツヤになっていたので、おどろいて「すごく肌がきれい！　どうしたの？」と聞いたところ、「ふふん♪　なんとエステに行きはじめたんだ」と言われました。

私はそれで「エステって本当に効果があるんだ」と思うようになりました。

また先月、カリスマヘアメイクアップアーティストの方にヘアメイクをしていただいたのですが、鏡を見て「だ、だれこれ？　芸能人？　こんな顔、生まれてはじめて見た！」と思うくらい美しくなり、「やっぱりプロの力はすごいなあ」と実感。

銀座では、お姉さんやお客さん、スカウトの人にまで「メイクが下手」「メイクが薄い」と言われていたのですが、その成果を見て、そこのメイク教室に通うことにしました。

だって、3万円とか5万円かけて化粧品や洋服を買うなら、そのお金でメイクの腕を身につけてしまえば、それは一生ものの財産。

今より2ランクも3ランクも上の美しさを、毎日、自分でつくれるのですよ！

そして、さっそくエステのお試しにも行ってみました。

自分ではなにも変わっていないと思ったのですが、エステの数日後に再び前述のところにヘアメイクをしてもらいに行ったら、

「あら？　お肌のコンディションがすごくよくなっていますね。なにをされたんですか？」

と聞かれました。そこで私は知りました。

「美はお金で買える」。

今までケチっていたけれど、自分でがんばるのとは、やっぱりぜんぜんちがう。お金を払ってプロにおまかせする王道の手段で、ケタちがいの効果が表れ、確実に美しくなれるのだ、プロの力をあなどってはいけない、と。

また、**「これだけお金を使って自分に手をかけている」という意識も私たちを輝か**

せてくれるのですね。私たちに自信を与えてくれ、内側からも美しくしてくれるのです。

さらにこのチャンスに、イメージチェンジもしてしまいませんか？

あなたが「本当はこうなってみたいな」と思う、あこがれの女性になってみましょうよ。

もう遠慮はいりません。

美容室も、洋服屋さんも、メイク教室も、エステも、ジムも、プロはあなたのなりたいイメージを言えば、ちゃんとそうなるように手助けしてくれます。

思いきって頼ってみましょう。できることをどんどんやってみましょう！

《〝大好きなもの〟にきちんとお金を払う》

あなたには、あなたを幸せにしてくれる〝大好きなもの〟はありますか？

たとえばあなたがあるブランドが好きで、そこの化粧品やバッグ、アクセサリーによって、ウキウキした幸せな気持ちになれるのなら、ディスカウントショップや質屋、オークションで安く手に入れるのではなく、直営店で正式に手に入れる感覚を身につけましょう。

あなたが好きなものに、きちんとお金を払うということは、好きなそのブランドや会社に感謝を表し、大事にするということです。

〝あなたに幸せをくれるものを大切にする〟ということは、〝あなたの幸せを大切にすること〟。

そしてそれはつまり〝あなたがあなたを大切にすること〟なのです。

安売りで、かりに1万円、場合によっては5万円安くなったとしても、あなたはかわりにその何倍もの、見えない価値を捨てていることになります。

「安い！　ラッキー♪」もうれしいもので、私もそれはよく知っていますが、価値観がそれだけになると、あなたが自身を安く見積もる感覚がしみついてしまうのです。

20万円のバッグをブランドの本店でお客様としてもてなされながら20万円で買った場合と、バーゲン会場で10万円で買った場合では、持っていて、より高い価値と幸せを感じられるのは20万円の場合ではありませんか？

洋服も本も、なにもかも安売りで買っていると、「あなた＝安売りの女」という自己イメージができてしまい、これが見えないところで、あなたのステータスを下げてしまいやすいのです。

あなたを満たして幸せにしてくれるものにだけは、損しないようにとか、少しでもお金を浮かそう、という感覚をできるだけ捨ててください。

きちんとお金を払って、あなたの感謝と好きな気持ちを示しましょう。

すると、あなたが満たされ、幸せな気持ちになるのですよ。

あなたの「幸せ感」にはきちんとお金を払うのです。

そのかわり、いやいやお金を払っているものをどんどん打ち切りましょう。たとえば、気が乗らないのに誘われている飲み会に払う５０００円は、払う必要はありません。断れるなら断りましょう。

あなたにとって、本当に価値があるのか、ないのかをわかり、メリハリをつけることで、あなたがあなたの人生のお姫様になることができるのです。

これはまちがいなく、あなたの見えない雰囲気を変えていきますよ！

知らぬ間に癒し系の女性になれる、小さな習慣

「人に知られないような」親切をしてみる

「自分磨き」とよく言いますが、外見を磨くのとちがって内面の自分磨きって漠然としすぎていて、なにをしたらいいのか途方にくれませんか？

そこで、私のやっている内面の自分磨きを一つご紹介します。

私はいつからか、できるだけ相手に知られないように親切にしたり、尽くしたりすることに、チャレンジするようになりました。

私の今まで働いていた夜のお店の多くには、女の子のトイレに生理ナプキンが置いてあったのですが、あるお店には置いてありませんでした。

そこで私はひそかにそのお店のトイレに、自分で買ったナプキンを置いておき、そ

のナプキンが少しずつ減っているのを見て、一人でニヤニヤしていました。

また、入ったお店や、ネットで目についた募金はほとんどしています。ポイントは、「ああもったいない！」と苦痛に思わない金額。１円、10円、１００円でもいいのです。

他には匿名掲示板で人の相談に乗る、励ます、歩いていて目についたゴミを捨てる、公衆トイレの洗面台を使ったら水ハネをふく、などです。また、通りすがりの二度と会わない他人でも、困っている人がいたらなるべく助けるようになりました。

お年寄りに席をゆずる、階段がつらそうなお年寄りの荷物を持ってあげる、バスを降りるときは運転手さんに「ありがとうございます」と言う、などですね。

これらは続けていると条件反射というか、身についてクセになってくるものです。

どうして私がそのようにしているかというと、**他人に攻撃的でトゲトゲしていると、自分の心が傷ついてすさみ、逆に他人に優しくできると、自分の心も優しく包みこまれていると感じるようになった**からです。

〝相手に感謝されたい下心〟が〝イイコトしてる自己満足〟になっただけなのですが、この〝自己満足〟が心の大切な部分を満たし、ステータスを上げてくれます。

この自分磨きは、ヘアスタイルを変えるような即効性はないですが、これをはじめてから数年で、人に癒しや安心感を与える部分が筋トレのように強化され、**人の気持ちや感情、してほしいことを察する力が磨かれた**ような気がします。

また、自分の心がおだやかになり、以前よりも安定しました。

といっても私は、もともと人並みはずれてわがままで自己中で鈍感、尽くされて当然だと思っている人間なので、現在でも、素晴らしい人間になったというわけではないことを、つけ加えておきます。

ただ、以前の自分と比べると、とても変わったのは確かです。

相手にわかるように尽くしてはいけないのか、といったらそうではありませんよ。

たとえば彼や友達などにご飯をつくってあげるのは、彼らからすると、あなたがつくってくれた、ということ自体もうれしいものなのです。

あえて、〝してもらう喜び〟を感じさせてあげることも大事。

両方の〝尽くす〟を使い分けましょう。

75%の男性は元カノに連絡したことがある⁉

彼もきっとあなたを思い出している

私は半年ほど、この本を書くために、関わったほとんど全員の男性に、過去の恋愛について聞いてまわったと前述しました。

仕事の会議でも、「おおっ、男性が10人もいる！　宝の山だ！」とワクワク。会議の最後に「すいませんっ！　ちょっと2分だけお時間いただけますか⁉」と言って、「復縁したことある人はいますか」「じゃあ、別れた彼女に連絡したことがある人」などと質問に挙手をしてもらったり、復縁経験者に個別でインタビューをさせてもらったりしました。

その結果、おどろくべきことがわかったのです。

それはなんと、〝男性の75％は別れた彼女に連絡をしたことがある〟ということ。

当然、ふられた側が連絡をするほうが多く、ふった側が連絡をするほうが少ないですが、それでも両方を合わせて75％の男性は、元カノに連絡をしたことがあるのです。

ちょっとびっくりしましたが、言われてみれば私の経験でも、10代のときに別れた、2章で書いた男性以外は、全員から連絡がきていますね。

なんと4年間思い、うざくし続けて、振り向いてもらえなかった彼でさえ、連絡を絶って2年後に、

「最近きみのことをよく思い出すんだ」

と電話してきて、再会しました。もう一生会うこともないと思っていたし、クールでそういうことをする人ではないと思っていたので、とてもびっくりしました。

あなたも、元カレから連絡がきたという経験がありませんか？

つまり、**なにもしないで待っていれば、彼のほうから連絡がくる可能性もけっこう高い**のですよ。

あなたは、「私から連絡をしないと、彼との関係は切れたまま」と思っているかもしれませんが、データによると、そんなことはまったくないのですね。

こう言うと、よく返ってくるのが、

「でも私の彼はプライドが高いから絶対に連絡をしてこないと思います」

「彼はいつも『去るものは追わず』だと言っていたので、くるとは思えません」

というお言葉。

しかし。そんな彼であっても、けっこう連絡をしてくるのです。まあ、見ててください な。

元カノに連絡をする男性が〝プライドの高くない人〟というわけではありません。

男性はおおむねプライドが高いのです。あなたの彼だけが特別ではありません。

そして、それでも彼らの75%は元カノに連絡をしたことがあります。

もちろんそれは今日ではないかもしれない。1週間以内ではないかもしれない。

連絡をしたのが別れて2週間後という人もいれば、半年後という人、または4年後、5年後という男性もいました。

期間はさておき、あなたが一人でがんばらなくても、彼のほうからもけっこう連絡がくるものだということを覚えておいてください。

彼だって、あなたを思い出しているのです。

もしかしたら、別れをちょっぴり後悔する瞬間だって、あるかもしれないのですよ。

時の流れは大きな味方

私自身にも、こんな経験があります。

私には昔、AくんとBくんという男友達がいて、3人は同じ趣味の仲間でした。

最初、私はどちらかというとAくんと気が合い、気に入っていました。

ところが、なぜか2カ月くらいしたら、Bくんのほうが居心地がよく、「会いたいな」と感じるようになりました。

しかしなんと私は、その2カ月の間、AくんともBくんとも一切連絡をとっていなかったのです。

にもかかわらず、なぜか「会ったり話したりしたいな」と思うのが、AくんからBくんになったのです。

また、私の友達は、ある男性とずっと友達関係でした。

ところがその男性はあるとき、私の友達をとても愛してしまい、一生結婚をしないポリシーがあったにもかかわらず、「結婚することで彼女を縛ることができるなら」と彼女にプロポーズをしました。

とくになんの事件もきっかけもなく、気づいたら彼は彼女をどうしようもなく愛していたのです。

いったい、この２つの例は、なんなのでしょう。

どうしてなにもないのに、気持ちが変わるのでしょう。

私が思うに、時間が流れるにつれ、人も変わるからだと思います。

だれもが、食べ物の好き嫌いや、色や音楽、洋服の趣味が変わるように。

こんなふうに、**あなたが直接彼に変わった自分を見せなくても、彼の気持ちが勝手に変わる可能性もある**のです。

もちろん、こればかりは狙ってできることでもありません。

でも、こんな理由で男性は別れた彼女に連絡をしたり、別れた２人が出会い直してつきあうこともあるのだなあ、と思います。

復縁する気になった男性の本音

これも声を大にしてお伝えしたいのですが、復縁を望む多くの女性が、
「『復縁したい』と言ったら、彼が引くのではないでしょうか?」
のような質問をします。
ちがいますよ。
あなたは「復縁したい」なんて、言う必要はないのです。
復縁するときは、彼が復縁をしたくなって、彼から復縁を求めてくるのです。
〝復縁をしてもらう〟というように思っている女性がとても多いです。
いつの間にか、ステータスが低い考え方になってしまっているのですね。
でも、そうではありません。復縁するときは、彼も復縁をしたいのです。
彼は、自分が幸せになりたいから、復縁をしたがるのです。
復縁をしてもらう、という感覚でいる間は、復縁はむずかしいかもしれません。
彼と一緒に幸せになれると感じたとき、二人は自然に復縁しているのですからね。

第4章

最高の〝再会〟を演出する実践ルール

いよいよ彼に連絡！ベストなタイミングは？

「別れの原因がなくなった」と確信できたとき

彼に一切連絡するのをやめ、3カ月、または半年、1年経って、二人の関係をリセットできたかな、という気がするものの、どんなタイミングで彼に連絡をしたらいいのか、悩むところですね。

ズバリ、以下の3点が、彼に連絡をするタイミングの目安です。

①あなたが明らかにバージョンアップし、以前とは変わったとき
②結果がどうであれ、後悔をしないと思えたとき（次に進みたいなど）
③あなたからふったなどで、おそらく彼があなたを好きなとき

それぞれ説明していきましょう。

①あなたが明らかにバージョンアップし、以前とは変わったとき

彼に連絡をするならば、あなたはバージョンアップしていなければなりません。第3章で述べた、外見のバージョンアップや、新しいことをはじめることももちろん大切ですが、連絡をする絶対条件は、「彼との別れの原因がなくなった」と確信できたときです。

第2章で述べたように、別れの原因に向き合い、反省し、原因をとりのぞくことができなければ、彼と再会しても、彼の心は復縁に向けて動かないでしょう。

彼はちょっとしたところで、すぐに「彼女は変わってないな」と見抜きます。なぜならその部分を別れるまで意識し続けたので、とくに敏感になっているからです。

彼はひさしぶりに会ったあなたを冷静にチェックし、あなたが変わっていないことを感じれば、「あ、やっぱり復縁はないな」と判断をくだすでしょう。

「ああ、別れて正解だった」と思われるか、「え？　別れる必要なかった？　オレの判断ミスだったか!?」と思われるかは、あなた次第なのです。

②結果がどうであれ、後悔をしないと思えたとき（次に進みたいなど）

あなたは別れた彼を思うことに疲れて、復縁をあきらめたほうが楽だ、と思うようになったかもしれません。

彼へのモヤモヤした思いをスッキリ断ち切って、ゼロからはじめよう、とあなたがきちんと決めたなら、彼に連絡をしようと、なにをしようとかまいません。

そのかわり、彼にうっとうしがられたり、返事がこなくてますますモヤモヤすることになろうと、決して後悔してはいけません。

少しでも彼との復縁に未練があるのならば、きちんとあなたをバージョンアップさせ、リセットのための時間を置いてから連絡をすることです。

③あなたからふったなどで、おそらく彼があなたを好きなとき

この場合はリセット期間を置かずに連絡をしてもかまいません。

ただし、この場合にもっとも気をつけないといけないのは、彼はあなたに不信感を持つかもしれないということです。

ふられた側は、ふった側から復縁をもちかけられて復縁をすると、復縁したあとで気持ちの切り替えができずに苦しんだり、相手に冷めてしまったりすることもあるのです。

彼はふられて、ショックを受けて、気持ちの切り替えをしようと必死でした。

「自分からふっておいて、オレを傷つけて、勝手なやつだ。オレは振り回された」

「またふられるのではないか？　あのときのショックと冷たい態度が忘れられない」

と感じる彼の気持ちを理解しましょう。

そして、あなたにとって、いかに彼が大切で、彼でないとダメかがわかったか、別れを選んだあなたの判断がまちがいだったかということを、優しく、何回でも伝えましょう。

彼に信じてもらうには、時間をかけて、あなたの気持ちが変わらない、もう去っていかない、という態度を示し続けるしかないのです。

ささいな言動から情報を集め、本音を探ろう

「心をモニターする」感覚で

ここまで見てきたように、別れてから二人の関係のリセット期間を経て、これから彼に再び連絡をとるようになるにあたって、とても重要なことがあります。

それは、つねに「彼をモニターする」感覚を身につけること。

私がホステスとしてお客さんと接するときや、恋愛で使っていたのが、この「相手をモニターする」感覚です。

ビルやスーパー、コンビニには監視カメラがついていて、それを別室で24時間監視していますよね。

同じように彼の心を、モニターでいつも見ているような感覚を身につけるのです。

彼のメールなどの言葉使いや頻度、内容、会ったときの表情、会話、態度、スキンシップの仕方や回数など、すべての情報を総合して、彼の本心をつねにモニターで監視しながら接する感覚。

そのモニターを見て、彼がすごく盛り上がっていたら、あなたも盛り上がります。彼があなたとのつきあいに安心しきっていたり、なにかに夢中になっていたら、ちょっと距離を置いて、こちらもなにかに熱中します。

再びある程度信頼し合う関係になれている場合は、彼があなたに怒っていたり、よそよそしい様子なら、理由を聞いてみます。

まだ本心を聞けるほど信頼が深まっていない関係であれば、決して彼を刺激しないように、彼の感情が静まるまで接触をやめつつ、原因を究明します。

このように、**つねに彼の心をモニターして、適切な対応をとるようにすると、ふられることはほぼなくなる**でしょう。

人気ホステスやホスト、ショップ店員、営業マンなど、デキる接客業の人は、必ず同じことをしています。

しかし、恋愛がうまくいかない人は、たいてい別のモニターを見ているのです。

そのモニターとは、ズバリ「自分の心のモニター」。

つまり、いつも、「私が寂しい」「私は傷ついた」ということばかりに焦点を当てていて、彼に、

「この不安をなんとかして」

と求めるのです。

「彼の心のモニター」を見ないため、彼がうんざりしていることや、彼の心があなたから遠ざかってしまって小さくなっていることに、まったく気づきません。

あなたが一方的に彼に連絡をしたくてしたところで、復縁も、普通の恋愛も、なかなかうまくいかないでしょう。

復縁を焦ったり、寂しかったり不安になるのは「あなたの都合」。

あなたが「自分の心のモニター」だけを見ている状態です。

しかし、あなたが気にし続けなければいけないのは「彼の都合」。

「彼の心のモニター」を見て、「彼の都合」を考えることで、長い目で見れば「あなたの都合」が満たされるのです。

この感覚さえ身につけることができれば、復縁の成功率は驚異的にアップします。

そして、彼女だったあなたなら、彼を正確にモニターしやすいですよね？

私は以前、接客中に、お客さんの言葉や態度に心が乱れて気が散ってしまうことがたびたびあったので、ナンバーワンの友達に、

「接客中に、自分の感情が気になることある？」

と、聞いたことがあります。

すると彼女の返事は、

「え？　お客さんと話しているときに、自分の気持ちなんてぜんぜん見ないよ。相手の気持ちしか気にしてないよ」。

そう、**相手を夢中にさせるときは、「自分の気持ち」なんて関係ない**のです。

逆に、「復縁しよう」「あきらめよう」など、**目標を決めるときは「あなたの心のモニター」だけを見て、あなたの本当の思いを、きちんととらえなければいけません。**

そして目標を達成するには、「相手の心のモニター」だけを見るのです。

このように２つのモニターの切り替えができると、恋愛だけに限らず、とても満足のいく人生が送れるようになるでしょう。

最初に送信するメッセージは「とことん軽くする」のが鉄則

偶然の再会をよそおうのも効果的

偶然の再会から復縁したカップルは多いです。

リセット&バージョンアップ後に、彼が常連であるお店に行ったり、共通の仲間との集まりに出るなどで、偶然をよそおって再会するのも一つの作戦。

偶然ならば、彼にあなたの復縁したい意図が伝わりにくく、さらに、なつかしい元カノとの予想外の再会は、彼にとってうれしかったりするものです。

また、彼と偶然会えたときのメリットは、約束をして再会した場合とちがい、彼の素の反応が見られるところにもあります。

彼の表情や態度がとてもうれしそうで、あなたと近づきたい、話したい様子なら、あなたも楽しく過ごしましょう。

偶然会ったことで、

「連絡するね」「また報告するよ」「じゃあ今度貸してあげる」

などと、次回に話がつながりやすくなります。

ただし、あなたは彼と一体感を味わいながらも、彼の反応をきちんと見て、彼よりも盛り上がりすぎないように注意してください。

あなたから「連絡してもいい？」とか「またお茶でもしよう」などとは言わずに、**彼が自主的に連絡や次の約束をしてくれるかどうか**、様子を見ましょう。

せっかく会えたので、「連絡するよ！」など押してもよいですが、彼がそれほど乗り気でない場合は、おそらくよい結果は望めないことは理解しておきましょう。

また、もしも彼があなたを見た瞬間、避けるようだったり、困っている様子の場合は、ムリにあなたから話しかけたり近づいたりしないようにしましょう。

そして、そんな場合は、なるべく早めに帰ったほうがいいでしょう。

彼はまだ、あなたと再会する準備ができていなくて、戸惑っているのです。

あなたは彼に気を遣わせないようにすることだけを心がけてくださいね。

50字以内で「返事したくなる」文にするコツ

彼に偶然会えるような機会がないならば、再会のためのファーストコンタクトは、メールかSNS、または電話になるはずです。電話は彼の都合を無視することになりますし、唐突な印象があるので、最初はメールかSNSのほうがいいでしょう。

このメッセージ内容は後悔のない、最善のものにしましょうね。

そのために以下の5点に注意してください。

①メッセージ内容は必ず「短く・明るく・さわやかに」

短く、明るく、さわやかにというのはメッセージを書くときの3大原則です。

「こんにちは！　昨日、前に一緒に行った○○（地名、店名など）に行ったので、あなたのことを思い出しました。元気ですか？」

「元気ですか？　あなたのおススメだった○○（映画、本、マンガなど）見たよ！あまりにおもしろくて、ついメールしてしまいました」

「ひさしぶり。元気にしていますか？　うちに置きっぱなしの○○、どうしよっか？」

「ひさしぶりです。昨日聞いたんだけど、なんと○○公園（思い出の施設名、店名など）なくなっちゃうらしいです。寂しいなあ。元気？」

などなど、私だったら基本は、

「『こんにちは』『ひさしぶり』『元気？』などのあいさつ」＋「二人の楽しい思い出」＋「連絡した理由」

で、50字程度にまとめます。

リセットできて、あなたがいい思い出になっていれば、彼はなつかしくほほえみながらこの文章を読むでしょう。

これで返事がこなかったり、返事がきてもやりとりのラリーがあなたで終わるならば、こちらからの連絡はやめて、再度同じだけのリセット期間を置きましょう。

②復縁したい気持ちを決してにおわせない
このあとにも述べますが、彼の気持ちが復縁に向けて動き出すまでは、復縁したい気持ちを、決してにおわせてはいけません。

「彼女はもうオレとつきあう気はないんだな」と思わせてください。
そしてあなたはまず、彼の友達になることを目指すのです。

③「お返事を待っています」と書かない

「お返事をください」「お返事を待っています」という一文が、彼に義務と仕事を押しつけ、彼の心におもしとなってのしかかり、彼の気持ちをなえさせ、悪印象を与えます。

「よかったらお返事をください」「お返事をいただけたらうれしいです」もNGです。とくにあなたは別れた彼女という立場で、ただでさえ彼に重く思われがち。決して彼になにかを要求するにおいすら感じさせてはいけないのです。

④あなたからどんどん連絡しない

彼の返事がないのに、あなたから続けてメールなどをしてはいけません。
返事がないのが彼の返事です。
あなたから何度も出すことで、彼の心は追いつめられ、あなたの印象がどんどん重く、悪くなっていくでしょう。

もし返事がなかったら、同じだけのリセット期間を置いてから、メールやSNSで連絡をしてみましょう。

⑤最高のあなただけを出す

これから復縁するまでは、とにかく最高のあなただけを彼に見せていくようにします。

あなたが持っている優しさ、おだやかさ、あたたかさ、聡明さ、冷静さ、誠実さという、最高の部分で彼と接するのです。

あなたの心が不安なときには、決してなにもしてはいけません。不安から出た行動は、たいていあなたを後悔させることになります。

とくに生理前など、心が不安定になるときは注意してください。

書いた文章は2日以上経ってから読み返しましょう。

そして、心がおだやかで澄んでいるときに、この5点を守ってメールやSNSで連絡をしましょう。

こんな会話なら、高確率で「会おうよ」を引き出せる！

自分からは切り出さないで

彼に「会いたい」と思ってもらうには、メールや電話などは「短く・明るく・さわやかに」の3大原則を守ったうえで、「楽しく」かつ「少し物足りない」がベスト。

そうすると、彼はあなたに実際に会いたくなるのです。

たとえば、私はお客さんとのメールや電話は、このバランスを心がけていました。

メールや電話でお腹いっぱいになってしまうと、お店に私の顔を見に来ようと思わなくなることもあるからです。

あなたもこのバランスを身につけてください。

私たちは、大好きになりすぎると、自分の思いを全部つめこんだ、3大原則とまったく逆の「長く・暗く・重苦しい」メッセージや電話をしてしまいがち。

しかしこれでは、どんどん復縁のハードルが上がってしまいます。

３大原則を守り、「彼の心のモニター」だけを見ながら接しているうちに、彼が質問をし返してくれたり、やりとりのラリーが続くようになるかもしれません。

このとき、あなたは彼と同じくらいのテンションを保ち、決して彼よりも盛り上がりすぎないようにしましょう。

また、彼が会うことを言い出すまでは、あなたからは言わないこと。

「そうそう、オレ太ったんだよ～」

「新しい髪型、すっごい失敗してさ」

「今度〇〇（あなたの家の近く）に行くんだよね」

などの「会うことが自然な話題」を彼が連発し、いかにも「会おうか」という流れにしたい気配を彼から感じることがあるかもしれません。

そうしたら、**あなたはその彼のレシーブに敏感に気づいてください。決して流してはいけません。**

あなたも、

「私といたストレスでやせ細ってたんだねえ、ごめんねえ（笑）。けど、ちょっと太ったほうがちょうどよさそう」

「え、失敗って、どんな髪型になったの？　気になる（笑）」

「うちの近くに来るんだ！　なんかうれしいなー」

などとトスを上げましょう。そして、彼の、

「じゃあ太ったオレ、見てみる？」

「じゃあ髪型、見せてあげよっか」

「じゃあその帰りに飯でも食うか」

という**「じゃあ」のアタックを決めさせてあげてください**。

このアタックは、できるだけ彼が決めるのがいいのです。

あなたは「うん、見たい！」「うん、食べよ♪」と素直に明るく返事をしましょう。

あなたが上げたトスを彼がアタックしないならば、彼はまだあなたに会うまでは気持ちが盛り上がっていないのかもしれません。

または、彼はわざと思わせぶりなことを言って、あなたが自分を好きで会いたがっている、ということを確認したいだけなのかもしれません。

あなたは「じゃあ会おうよ！」と押したくなるかもしれませんが、あなたが監視していなければならないのは、「あなたの心のモニター」ではなく「彼の心のモニター」でしたよね？

あなたの焦りは、「あなたの都合」。

彼が会いたいと思う「彼の都合」をあなたは待ちましょう。

ただし、彼が極端に受け身な性格だったり、本当は会いたくて仕方がなくても、自信がなくて言い出せない、という可能性があると判断した場合は、

「その髪型、すごく見てみたい！」

「うちの近くに来るのって何時頃？」

など、もうひと押ししてもいいでしょう。

「別れたのが惜しくなる」あなたで再会しましょう

「また過ごしたい時間」の演出方法

ついに彼とひさしぶりに再会することになりました！

「無口になっちゃった」「感じ悪くなっちゃったかな」「はしゃぎすぎて変だったかも」などと、後悔しないようにしたいですよね。

彼にとって、もっとも心地よいバランスは、彼を〝感謝して信頼している大切な人〟として〝やさしく、あたたかく、気負わずに〟接すること。

ほどよく丁寧に、ほどよく気さくに、です。

そして、彼にとって心地よい女性になる法則があります。それは、

①彼にとって、好きで興味がある話や行動を優先する
②彼にとって、とくに興味がない話や行動を避ける
③彼にとって、嫌いで不愉快な話や行動を避ける

これだけです。つまり、
彼が好きで、興味のあること　↓　○
彼にとって興味がないこと　↓　×
彼が嫌いで不愉快なこと　↓　×

彼にとってイヤな話をしたり行動をとったりしないのは当然。そのうえで彼にとって興味のない話もしないのです。

彼にとって興味のないことの分量が多いほど、あなたとの時間は、彼にとって「また過ごしたい時間」ではなくなっていきます。

たとえば彼が熱中しているスポーツがあるなら、「最近は調子どう？」とか「テレビで試合見たよ、すごかったね」とその話題をふります。

彼がタバコを吸う女性が嫌いなら、タバコは吸わないようにします。

そして、彼にとってどうでもいい、あなたのショッピングにつきあわせたり、彼にとってまったく興味のないあなたの女友達とその彼氏との旅行の話や、あなたの好きな歌手のライブツアーの話もしてはいけないのです。

あなたも自分に置き換えて考えてみてください。

本や雑誌に、興味のある記事は少しで、どうでもいいことがたくさん載っていたら、続けて買うことを考えてしまいませんか？　逆にどこを開いてもワクワクと飛びついてしまうような記事ばかりなら、迷いなく買うのです。

また、一緒にいてつまらない人って、別にあなたが不愉快になる話をするというわけではなくて、ただ興味のない話が長い人ではありませんか？

「彼の嫌がることをしない」、これだけならだれでも気をつけています。

しかし、**彼にとってどうでもいい話をできる限り減らすということで、彼はあなたとの時間がものすごく楽しくなる**のですよ。

「あなた＝楽しい成分１００％」を目指しましょう！

これを意識している人は少ないですが、だからこそ、気をつけることで他の人とすごく差がつきます。ぜひ心がけてみてください。

見た目のキレイさはやっぱり重要

彼に会うときは、最高に美しくしましょう。

男性が復縁を申し込んだきっかけに「偶然見かけた彼女がかわいかったから」という声がけっこう多いのです。

自分のものだったはずのあなたがハッとするほどかわいい、しかももう自分のものではない。この状況は、

「セックスしたい」

「他のやつにとられる」

「もったいないことをした」

「オレのものだと確認したい」

と、彼の性欲とプライドを刺激し、彼を焦らせ、冷静ではない状態にさせます。

男性にとって、女性の外見は重要です。好みの女性は理屈抜きの本能の部分で、ど

うしても手に入れたくなってしまうのですね。

今、目の前のあなたが美しい。これ以上の説得力はありません。

「私は変わったのよ」なんてわざわざ言わなくても、美しさがグレードアップしているだけで、明らかに変わったのがわかるのですから。

だから、あなたが彼の目にどう映るかを意識して、オシャレやダイエットをしましょう。

女性から見て「きれい」「美人」になるよりも、男性にとっての、もっと言えば彼にとっての「いい女」「かわいい女」を目指すのです。

彼の好きな女性タレントに共通する要素を、無理のない範囲でメイクやファッションによって取り入れてみましょう。

また、本音を語ってくれる男友達に意見を聞いたり、ネットで男性の生の声を調べたりすることで、男性の好む雰囲気がわかってくるでしょう。

さらに、美しくなろうと努力することは「これだけのことをした！」という自負や余裕にもつながり、あなたのステータスが上がるのですよ。

「単純な女」でいよう

男性にとって女性の魅力でもあり、同時に面倒くさく思う部分があります。

それは女性の矛盾だらけで複雑なところ。

男性は女性よりも感情に矛盾が少なく、見えないものについてあれこれ細かく考えない、という傾向があるように思います。

一方、女性は、見えない部分を想像して、感情をあれこれとふくらませ、「こうだけど、こう」「こうなのに、こう」という矛盾で成り立っています。

「あなたのこと好きなんだけど、好きっていう気持ちの中に、どっかであなたが怖くて、信じられないところもあってね……。でもそれは全部私のせいなの。好きだから、信用するのが怖いっていうか、逆にただの男友達のほうがある意味好きなのかも、とか思うこともある」

などと言われると、

「ええい、面倒くさい！　なにが言いたいのかわからん！　好きなのか嫌いなのかはっきりしろい！」

と言いたくなる男性は多いのです。ラブラブのときは、そんなわけのわからないセリフも、自分にはない女性ならではの魅力として「かわいいな」と思えます。

でも、復縁を目指す今、あなたはとくに意識して「単純な女」でいなければいけません。

単純という言葉は、バカみたいであまりいいイメージでは使われませんが、単純とバカはまったくちがいます。

むしろここで言う単純さとは、**「頭のよさ」と「さわやかさ」**のこと。

男性は複雑で矛盾だらけの女性より、単純で明快な女性につきあいやすさを感じます。

「おいしい？」と聞かれたら笑顔で「おいしい！」

「楽しかったね」と言われたら「ホント楽しかった♪」

と、ウダウダ言わずに「短く、わかりやすく、シンプルに」会話をしましょう。

あなたの気持ちや考えをあれこれ説明する必要はありません。彼が面倒くさいので、むしろしてはいけません。全部を正確にわかってもらうことは、あきらめましょう。

それよりも、短くわかりやすい返事をすることで、彼にとってつきあいやすい女性でいましょう。また、

「オレのことまだ好きなの？」「またつきあいたいとか思ってる？」

など、はっきりと答えたくないことを聞かれたら、

「あなたのことは人間としてずっと大好きだよ」「あなたといるとすごく楽しいな」

などと、彼の聞きたい核心部分は上手にかわしつつ感じよく答えたり、

「どうしてそんなこと聞くの？」「あなたは？」

と聞き返してしまいましょう。

もしもそれ以上追求されたら、ただニコニコしていましょう。**答えたくないことは答えなくてもいいのです**。

彼への言葉は「短く、わかりやすく、シンプルに」。

そして言いたくないことや回答に困ることはムリに答えずほほえむ。

これを徹底しましょう。

都合のいいセフレか本カノか、ここが分かれ目

過去のことは一度だけ、さらりと謝る

別れの原因については、一度だけ、的確に謝りましょう。

メールでもSNSでも会ったときでもかまいません。なんとなく過去の話題になったときがいいでしょう。

もし、すでに謝っているならば必要はありません。

今のあなたは、彼にとって自分のどこが負担だったのかかなり把握できているはず。それを、簡潔にさらっと謝りましょう。たとえば、こうです。

「今さらかもしれないけれど、ようやくあなたの気持ちがわかったよ。私は本当に自分のことしか考えていなかったね。あなたは忙しいのにイヤな顔をしないで私にたく

さん時間を割いてくれた。なのに私は文句ばかりで、ぜんぜん感謝できていなかった。ごめんなさい。そして、本当にありがとう」

謝罪だけだと重いので、最後は感謝で締めるのがいいでしょう。

もしもその謝罪が、彼がガマンしていたことの核心をついていれば、

「言ってもわかってくれないし」

「どうせ変わらないだろう」

と固まっていた気持ちが、雪のかたまりにお湯をかけるようにジュウっと溶けて、ほどけるでしょう。

つきあっているときにケンカのあとで「ごめんなさい」と言うのではなく、別れを切り出されて、あわてて「直すから」と言うのでもなく、**関係がリセットされたあとに的確に謝る**。

だからこそ「本当に理解してくれたのかも」という印象を持ってもらえるのです。

とくに彼にそのとき彼女がいない場合、あなたをちょっと見てみようかなという気になります。

ただし、決して何度も謝罪しないでください。

あなたはあなたの期待する返事を求めるあまり、どんどん謝りたくなるかもしれませんが、それはあなたが「自分の気持ちを軽くしたい」「彼にわかってほしい」「許してほしい」という「あなたの都合」。

彼はそんなことを求めていません。何度も謝るのはむしろ逆効果です。

ココゾというポイントで的確にさらっと謝るのがいいのですよ。

「復縁したい」気持ちはひたすら隠せ！

第3章でも述べましたが、復縁したい人は「復縁したい」と相手に伝えるものだ、と思いこんでいる人がほとんどです。

しかし復縁したいならば、復縁したい気持ちは決して相手に悟られてはいけないのです。

なぜなら、男女問わず、別れた恋人が自分とやり直したいとわかると、自分もやり直したいと思っていない限り、相手に接触するのをやめようと思うものだから。

自分は気がないのに、相手は自分に気があるとわかっていたら、気持ちにこたえられないことが申しわけなく、そして重くなり、相手と気軽につきあえなくなるのです。

つまり、あなたは彼に警戒されて、メールしたり会うことがむずかしくなり、変わったあなたを見てもらえる機会が極端に少なくなってしまう危険が大きいのです。

彼が望む距離よりも近づいてはいけないのですね。

また、復縁を希望するのが女性である場合、もっと知っていてほしい重大な事実があります。それは、別れた彼女が自分を好きだとわかったときに、

「やれる」「セフレにできる」「落とすまでの手間が省ける」

と瞬時に思う男性は決して少なくないということ。

とくに彼女がいない場合はそうだと、多くの男性が言います。

「別れた彼女に好きだと言われても、なんとなく他の女性よりも下に思える」

らしいですよ！

男性たちがどうしてそんなふうに思うかというと、あなたは一度手に入れていて、もう体の関係もあるからなのですね。

だから、復縁希望の女性は、復縁できないまま、ずるずるとセフレ状態になってしまうことが多いのです。

でも、あなたはもう一度彼を夢中にさせて、本気でつきあいたいと思ってもらいたいのですよね？

だったら、あなたの「まだ彼に夢中」とか「つきあいたい」という気持ちは、決してバレてはいけないのです。

「惚れたほうが負け」なのだとしたら、あなたが彼を惚れさせてやりましょうよ。

「復縁したい」

とあなたが言うのではなく、十分にあなたの魅力を感じさせて、

「惜しいことをした」

「どうしても手に入れたい」

と思わせてしまいましょう！

「まだオレを好きなんだろうな」予想を、裏切る

こんな態度だとバレバレに

ここまで、あなたは本当にがんばって自分をバージョンアップさせてきましたね。だから、ひさしぶりに会えた彼に、「変わった私をわかってほしい！」と、ついつい変わったところをアピールしたくなりがちです。

しかしあなたが本当に変わっていれば、わざわざ言わなくても伝わるものです。そして自分からアピールするのは必死な印象になって、「彼のことがまだ大好きで、またつきあいたい」と思っているのがバレバレになってしまいます。

彼はもしかしたら、言葉では「きみはぜんぜん変わってないね」と言うかもしれません。

しかし、**目に見えない「居心地」が変わっていたりする**ので、がっかりすることはないのですよ。

「居心地」とはつまり「安心感」「開放感」「高揚感」「ワクワク感」などの「感」なので、はっきりと意識したり言葉にできない「なんとなく」の部分。

しかし、この「なんとなく」こそが一番大事なのです。

あなた自身が「私は変わった」とわかっているのならば、彼に伝わる「なんとなく」は変わっているはずです。

自分の努力と、変わったという確信を信頼しましょう。

言葉よりも理屈よりも、「感」だけが大切なのですよ。

また、彼に好かれようと、がんばることはありません。

がんばって彼に合わせたり彼の顔色をうかがうほど、彼との距離はどんどん離れるもの。

あなたが好かれようとしたり、変わった自分をアピールするのも、すべて「あなたの都合」です。

あなたがすることは、「彼の心のモニター」だけを見て、彼にあなたといて楽しいと思ってもらうことだけですよね？

そうすることで、彼は笑顔で楽しそうになるので、自分もうれしく楽しくなります。

そうして二人の楽しさがピンポンのように、二人の間を行ったり来たりしながらどんどん増幅していくと、二人は「一体感」「幸福感」を味わえるのですよ。

彼と一緒のときは、「がんばる」よりも、彼との時間を満喫しましょう。

楽しく盛り上がっているところで、あえて帰る

ところで復縁をしたいあなたが気になるのは、男性は、どんなときにふった女性と「またつきあいたい」と思うの？　ということですよね。

私が調査中によく聞いたのが、

「『あいつはオレのことまだ好きなんだろうな』と思って会ったら、なんといい女になった元カノがあっさりした態度だった。**『あれ？　オレのこと好きじゃないの⁉』と焦って、まるで自分がふられたような気分になり、いつのまにか好きになっていた**」

というパターンです。

私も似たような気持ちになることがあるので、すごくよくわかります。

街を歩いていて、通行人にチラシを配っている人が見え、チラシはいらないので、「いらない、もらわないぞ」と警戒しながら歩いていると、私には配ってくれなかった、そんなときです。少し残念で、寂しいような気持ちになるのですね。

私のほうが、

「もらってあげるかどうか、決められる」

という圧倒的に上の立場だと思っていて、「断るぞ」と身構えているのに、意に反してチラシを配られなかったら「あれ？」とちょっとあわてて、ほしかったのにもらえなかったような錯覚に陥るのです。

「追えば逃げる、逃げれば追いたくなる」と言いますが、これは真実。

人はなかなか手に入らないものがほしくなるのです。

なぜなら、簡単に手に入らないものはステータスが高いからです。

そして、自分のものだと思いこんでいたものが、自分の意志に反して自分のものではなくなると、それに執着します。

相手のステータスが上がるからです。

実は、あなたが彼を忘れられない理由には、それもあるのですよ。

では、彼にあなたを追いかけたいと思わせるには、どうしたらいいのでしょう?

まず基本は、楽しく盛り上がっているところで、フリでいいので明るくさっそうと帰ります。時間にすると長くても２～３時間くらい。

いつもうるさいならおだやかに、感情を出さないなら、少し出すなど、**いつもとはちがうあなたを見せて、彼に「あれ?」と思わせましょう。**

盛り上がらなかったら、あなたからやさしく切り上げましょう。

彼の笑顔が見たいからといって、ダラダラと粘ってはいけません。

ただし、彼があなたになにか言いたいことがあって、それをわからせようとしてブスッとしていることがあります。

そういうときは、**あなたへの不満をすべて吐き出させてあげる**こと。

そうすると、あなた本人に言えたというだけで、怒りや不満の大半が消えてしまうことが多いのです。

彼が何か言いたそうな様子は、彼女だったあなたならわかるはずです。

私が見た、復縁に成功した人の共通点

彼の冷たい対応にも決してくじけないこと

今まで述べてきたように、復縁したカップルは別れたあとに距離を置いてから再会したパターンが多いのですが、中には、貸し借りの用件などで、別れてからもちょこちょこと連絡を取り合っているうちに復縁したり、復縁をずっと狙って、その通りに復縁できた人もいます。

復縁した全員が彼のことを忘れていたわけでも、リセットしたわけでもないのです。

そこで、リセットなしで復縁に成功した人を見ていったところ、多くの場合に共通している3つのポイントがありました。

①別れの原因を受けとめ、自分を変えている
②言いたいことがあっても言わず、徹底的に相手に居心地のよい環境を与えている
③相手の心が動くまで、やり直したいという気持ちを出さない

つまり時間こそ置いていませんが、本質的に彼らはリセット&バージョンアップしていたのですね。本当はいったん離れるのが一番いいのですが、もしも彼から連絡がくる、またはしょっちゅう会わなければいけないので関係をリセットできない、という状況の場合でも、この〝本質的リセット〟をしていってください。

ただしこの場合は、彼のあなたに対する悪感情がリセットされていなくて、あなたはいろいろつらい思いをすることもあります。

会っても無視されたり、イヤミを言われたり、まわりに悪口をふれまわられたり……。

だけど、彼がきつい態度でもへこたれてはいけません。

少なくとも彼の前では、言い返したり、言いわけをしたり、メソメソしたりという、感情的でネガティブな態度や悲愴感は見せないようにしましょう。

復縁に成功している人は彼からどんな対応をされてもグッとこらえ、徹底的にやさしさ、あたたかさ、明るさで接していました。

そうして彼の心を溶かしていったのです。

つきあっているときとは別人のような彼のひどい態度に、その場でトイレに行って彼に隠れて泣いたという人もいました。

「どうしてこんなにひどい扱いをされないといけないの！」と怒りや悲しみがわいてくることもあるでしょう。

しかし、復縁したいのはあなたなのです。

彼がそんなにひどい対応をする原因をつくったのもあなたかもしれないのです。

彼がどうしてそんな態度になってしまったのか、冷静に考えて、受けとめましょう。

そのうちに彼は、自分がいくら冷たくしても、明るくてあたたかいあなたを見て、あなたが本当に変わったことを知ります。

そして、心が溶けて、気持ちが動くときがくるのです。復縁できた人に共通することの3つのポイント、本気で復縁したいなら守ってみてください。

これが復縁の王道です。

セルフチェック！
復縁達成までの全ステップ

ゴールまで、この7つの段階があります

リセットした後、あなたが彼に「メールやSNS」（以下、メール）でコンタクトをとりはじめたとします。

ここから、二人が復縁するまでの段階を以下に示しました。

今、あなたと彼はどこの段階にいるでしょうか？

⓪あなたのメールが届かない（受信拒否）

①あなたのメールに返事がこない

②あなたのメールに返事がくるが、彼からはメールがこない

③彼発信でメールがくる

④彼からメールがくるだけではなく、あなたに会いたがる

⑤彼があなたに恋愛感情を見せる

⑥彼があなたに復縁を申し込む

必ずしも段階を順に踏むとは限りません。②だったのが、いきなり⑤になることもあります。逆に、④が②になることもあるのです。

では、彼の反応別にあなたはどうすべきか、見ていきましょう！

彼の反応パターン別対処法

⓪あなたのメールが届かない（受信拒否）

①あなたのメールに返事がこない

・彼は今こんな気持ち！

↓まだ、あなたと関わるつもりがないのです。

・どんな対応をすべき？

↓もう一度ゼロからリセットをはじめる必要があります。


今は残念ながら、あなたは彼になにかをしてはいけません。

再び「なにもしない」をはじめてください。

そしてその間、第3章のバージョンアップにはげみましょう。

この内容を実行することで、あなたの人生全体が底上げされ、あなたに起こる出来事もどんどん変わってくるはずです。

「類は友を呼ぶ」と言いますが、あなたの質が上がれば、起こる出来事や出会う人達の質もどんどん上がるからです。

それにつれて、あなたの彼への気持ちや彼のとらえ方も、日々変わっていくことでしょう。

②あなたのメールに返事がくるが、彼からはメールがこない

・彼は今こんな気持ち！

↓普段はあなたを忘れているかもしれませんが、あなたに拒絶感は持っていません。

・どんな対応をすべき？

↓メールの返信までの時間や文体、内容などから総合して、彼の心をできるだけ正確にモニターしましょう。

「短く・明るく・さわやかに」の3大原則を守りながら、彼がもらってうれしく楽しくなるようなメールを出しましょう。

やりとりが途切れたらゼロからリセット期間をはじめ、もう一度メールを出してみましょう。

彼の状況も気持ちも、そしてあなたのモニター能力も、心をつかむメール作成能力も、刻一刻と変わっていくものです。

それらがピタッとはまったとき、関係は次の段階に進展していくでしょう。

③彼発信でメールがくる

・彼は今こんな気持ち！

↓あなたに対する警戒心を持っておらず、少なくとも友達としては歓迎しています。ただし、あなたはメル友やＳＮＳ上の友達であり、会うほどではないと思っている可能性もあります。

・どんな対応をすべき？

↓この段階から実際に会う関係につなげるには、復縁したい気持ちや彼への恋愛感情を見せず、彼にとって気楽で楽しく、心地よい相手でい続けること。

もしもあなたが焦ってそれ以上彼に踏み込むと、彼はあなたに警戒し、

「せっかくいい友達になれたと思ったのに、恋愛を求められるなら、残念だけど連絡はやめよう……」

と、遠ざかってしまう危険が大きいのです。

根気よく、焦らずに「楽しく、少し物足りない」関係を続けることができれば、彼のほうから会いたいと言ってくる日も遠くはありません。

なぜならすでに、彼から自発的にあなたを必要としているからです。

くれぐれも「焦りは禁物」と肝に銘じてください。

④彼からメールがくるだけではなく、あなたに会いたがる

・彼は今こんな気持ち!
↓かなりあなたに心を開いていますし、少なくとも人間として好きで、必要としているでしょう。

・どんな対応をすべき?
↓あなたは彼の友達でい続けることにしびれを切らすかもしれません。

しかし、焦らないで、やはり彼のあなたに対するテンションをモニターしながら、彼以上のテンションを見せないようにし続けましょう。同時に、いつでもあたたかく、やさしく、明るく、彼を受け入れましょう。

彼を幸せにすることで、彼はあなたと一緒にいたくなり、長い目で見たらあなたも幸せになる、ということを覚えておいてください。

⑤彼があなたに恋愛感情を見せる

・彼は今こんな気持ち！
↓あなたのことを再び気に入っています。

・どんな対応をすべき？
↓復縁まではもう一息です。彼からの恋愛感情、具体的には、

「きみのことが好きなんだと思う」

「きみ以上に好きになれる人には出会えそうもない」

などの言葉があったら、あなたも、「つきあいたい」「ずっと好きだった」ということ以外は、言ってもかまいません。

「私もすごく楽しい」

「私もあなたのこと好きかもしれない」

「あなたは私にとって本当に特別」

など、彼の言葉に対応していて、かつ彼以上に一人で舞い上がらないように言葉を選んで返しましょう。

二人の気持ちはどんどん盛り上がっていくでしょう。

⑥彼があなたに復縁を申し込む

・彼は今こんな気持ち！
↓復縁してあなたと再びつきあおうと思っています。

・どんな対応をすべき？
↓おめでとうございます。彼からの、「つきあってください」「やり直そう」という言葉をもらい、ついにあなたは彼と復縁しました！

ここがゴールではなく、ようやく二人の出会い直しのスタートになります。

あなたは彼と元に戻れたのではなく、新しく二人の関係を築いていくチャンスを手に入れたのです。

これが最後のリトマス試験紙

ところで、⑤と⑥の段階において、注意があります。

それは、**この段階で体の関係を持つのはＮＧ**だということ。ここで一線を超えると、関係がはっきりしないセフレになってしまうことが多いのです。
⑤の段階ではたとえば、「好きなんだ。今夜は一緒にいよう」などと彼に誘われても、「私も好き。でも、ケジメはつけていたいの」「それって本気になってもいいってこと？」などと、好きな気持ちを見せつつ、やさしく確認してください。
そこで彼が「つきあおう」という言葉を言わないようならば、彼はあなたの体には興味があるけれど、きちんとつきあうつもりはないのかもしれません。
⑥の段階でも「つきあおう」と言われたその日に、関係を持ってはいけません。

なぜなら、彼はあなたとセックスをしたくてとりあえず「つきあおう」と言ったのかもしれないからです。

さらに、その日に関係を持てないことで、彼の気持ちはさらに盛り上がるという理由もあります。

もしもこの日、あなたが帰ったことで、彼のテンションが下がって連絡がなくなったとしたら、それはその日にセックスをしていても同じ結果になっていたということ。

この1回のことで連絡が来なくなるようなら、長く続くはずはないのです。

これが最後のリトマス試験紙です。

彼があなたという女性を認めて、惚れていたら、その日にセックスできなかったことなんて、気にならないはずです。

今度は後悔をしないようにつきあっていってくださいね!

第5章

今度こそ
ずっと離れない
二人になるために

やるだけやったら、あとは待つ！

「彼との可能性を全部試して、納得したい」

さあ、彼と出会い直して二人で幸せになるために、ベストを尽くしていきましょう。

恋愛の相談をしてくれた多くの女性が口をそろえて言うのが、

「今から、できる限りのことをしたい」

「選択肢を全部試してみて、納得したい」

ということです。

じゃあ、正しくベストを尽くしましょうよ！　ね？

しかしひとくちにベストを尽くす、と言いますが、それはどういうことなのでしょう？

まず、**私たちには「できること」「できないこと」がある、ということを知ること**からはじまります。これを見分けるのは、意外に多くの人ができていないものです。

たとえば10代のころの私なんてひどいものでした。

「愛する人のためなら、なんでもできる！」という自分の感情に酔っているだけで、「自分になにができるか」なんて、きちんと考えたこともありませんでした。

だから、ある男友達が「好きな人のためにだって、できないこともある。自分にできることしかできないのは当然じゃないか」と言うのを聞いたとき、「そんなにわりきって、冷たい人だなあ。私のほうがよっぽど大きな愛を持った人間だ」などと思ったものです。

しかし残念なことに、「できないこと」はできません。

「助けてくれ……。2000万円の借金を明日までに払わないと、なにをされるかわからない……！」と大好きな彼に言われても、助けられない。愛はあるのに。

全財産の100万円とカードのキャッシング30万円の合計130万円は払えるかもしれない。だけど、サラ金とか親とか友達に借りまくっても全額はムリ。

「オレを愛しているなら、一瞬でオレの部屋に来てくれ」と言われても不可能です。

「わ、わかった！　一瞬はムリだけど、仕事と友達の約束を断って、今からすぐ家を出るから！」と答えて、そうすることはできるかもしれません。

でも、それは結局、「自分にできる限りのこと」をしているわけで、私が冷たいと思った男友達が言った通りだったのです。

だからベストを尽くすためには、まず、

「今の自分には、なにができて、なにができないのか」

を正確に見分けることが重要になります。

そうしないと、できないことまでやみくもになんとかしようとして、「私なんて……」と自分を責めたり、ガックリしたりすることになるからです。

未来はあなたの好きなようにつくれる

未来はあなたの思い通りどころか、今あなたが願っている以上に素晴らしいものにすることができます。

たとえば今は「彼とまたつきあいたい」とだけ思っていても、あなた次第で、彼から「結婚してほしい」と熱烈に求められて困ってしまう、という未来がやってくることだってありえるのです。

「自分と未来は変えられる。他人と過去は変えられない」

と言いますが、まさにその通り。

では、あなたに変えられるものと変えられないものを、くわしく見ていきましょう。

《変えられるもの》 ※限度はあります

・外見……体重、見た目年齢、見た目性別、ヘアスタイル、ファッション、顔（メイク・化粧品・エステ・美容整形などで）

・内面……自分の考え方、ものごとのとらえ方、自己コントロール力、話す内容、知識、教養、コミュニケーション能力、学力、洞察力、観察力、判断力など

・環境、条件……学歴、収入、職場、友達、読む本、行く店、趣味、サークル、住む場所、筋力など

《変えられないもの》

・外見……身長・手足の長さ・骨格（変える手術もあるそうですが……）

・過去……生まれた家庭・場所・国、彼と出会った時期、過去の友達関係・異性関係、言った言葉、出したメール、とった行動など

・環境、条件……他人（性格・行動・気持ち・意志・選択）、実年齢、性別、指紋、先天的な病気、体質など

《変えられる可能性があるもの》 ※限度はあります

・他人の性格・行動、気持ち・意志・選択、一部の先天的な病気、体質など

もっとたくさんあるかと思いますが、思いつくものをあげてみました。

たとえばあなたが、「彼は小さい子が好き。それなのに私の身長が高いからふられたのかな……」と思っても、あなたの身長を低くすることはできません。

しかし、彼に「背の高い子もステキだな」と思ってもらったり、「その身長だからきみなんだよ、そのきみが好きなんだ」と彼を夢中にさせることは可能なのです。

また、あなたが「彼のことをあんなに縛りすぎるんじゃなかった……」と思っても、過去には戻れませんね？

でも、彼に「会いたいな」「この子といると楽しいな」と、これから思わせることは可能なのです。

どんな結果でも努力はムダにならない

《変えられるもの》を見てください。

あなた次第で変えられることって、こんなにあるのですよ。

これだけ変えられれば、人生はまちがいなく、まるっきり変わります。

そして、もしもあなたが《変えられないもの》について嘆いていることに気づいたら、「変えられないものについて悩んでも時間のムダだよね」と、考えるのをストップしましょう。

それでも繰り返し考えてしまうというとき、私は、「考えても仕方ないことをわざわざ考えるなんて、そのほうが私にとって気持ちいいんだ、楽なんだ。そうか、私の趣味みたいなものか。自分が選んでいるんだ」と思うようにしていました。

私の「ぐるぐる癖」は、こう思っているうちに、いつの間にかなくなっていました。

「今」「変えられるもの」だけを全部変え、やれることをやり尽くしたら、あとはもう、待つしかありません。

そう。人事を尽くして天命を待ちましょう。

未来は「未（いま）だ」「来ない」から未来です。

つらくなるのは、あなたにできないことまでコントロールしようとするから。

今すぐ、すべてを思い通りにしようとするから苦しいのですよ。

しかし、ベストを尽くしたときにはじめて味わえる満足感があります。結果から解放された安らぎがあなたを包んでいることでしょう。

そうなったときに、**好きな彼はもちろん、彼以外の男性も、そんなにステキなあなたをほうっておくわけがない**のです。

仕事でも学校でも、人があなたに惹きつけられ、それどころか、夢や願いさえ、あなたにコロッと参ってしまうのです。

「ピュアな私100％」こそずっと愛され続ける

もともとの「私らしさ」を磨いていく

突然ですが、自分磨きの目指すところって、なんだと思いますか？

いい女になること？　人間性を高めること？

もちろんそれも正解なのですが、私はズバリ、

「自分自身をきわめること」

だと思っています。

よく「自分を変える」と言いますが、あなたのあなたらしさを変えるなんて、とんでもありません。

自分をつくったり、別人のふりをしたりすることは、あなたにとってつらいこと。

そのうえ、その努力はムダになってしまうことが多いでしょう。
あなたが「自分を変える」必要があるのは、よりあなたらしくなるためだけです。
なぜなら、**あなたが「ピュアなあなた100%」になっていくと、あなたが輝き、彼はイヤでもあなたに惹きつけられる**から。

そしてこれ以上に、彼と本当に幸せになれる自分磨きはありません。

あなたが「ピュアなあなた100%」に近づけば近づくほど、あなたが好きだと感じる人が、あなたを自然と好きだと感じてくれるようになるのですよ。

たとえば、私が今まで好きになったりつきあった男性のほとんどは、ゆったりとしたおだやかなタイプでした。

私自身は激しくてアクティブなタイプですので、一緒にいて落ち着く人を本能的に求めているような気がします。

相手の男性も、私のアクティブな部分に、自分にないものを感じて、お互いに補う役割を果たしているのかもしれません。

私がゆったりおだやかな人になろうとしても、生まれつきの気質なので、なれないのですね。そして、なる必要もないのです。

よくあるのが、「アクティブな女性なんて、癒し力が足りないから、彼が好きになってくれるはずがない。もっとゆったりした女性にならないと」などと自分を否定して、おさえつけてしまうこと。

だけど、こんなにもったいないことはありません。

なぜなら、アクティブな自分をそのまま輝かせていれば、それに惹かれて、アクティブな女性を好きで、アクティブな女性と相性のいい男性が寄ってくるからです。

また、もしもあなたがおだやかで家庭的なタイプなのに、ムリして小悪魔タイプになろうとすれば、家庭的なあなたのよさはそこなわれ、かといって小悪魔にもなれず、結局、なにも得られないということにもなりかねません。

「好み」と「相性」は、あなたらしくなっていけばいくほど、一致します。

つまり、あなたがあなたをきわめるほど、

「あなた好みの男性＝あなたと相性のいい男性」

になっていき、ゆえにどんどん両思いになる確率が高くなっていくわけです。

あなたに足りない要素を足してみる、ということは、あなたの魅力を増してくれますので、どんどんやってください。

しかし、もともと持っているあなたらしさを消そうとしたり、隠したりすることは、あなたにとっても、あなたを大好きな彼にとっても、悲しい結果しかもたらさないでしょう。

あなたに備わっている輝きを思いっきり出すことに専念していけば、あなたも彼も、そしてまわりのみんなも幸せになれるのです。

「一人でいても楽しくて幸せ」と思える？

突然ですが、質問です。

もしもあなたの前に悪魔があらわれて、

「復縁したいんだろ？　じゃあ彼に、今の彼女についてウソの情報を吹き込んで、二人を別れさせてやる。そのあと魔法の薬を飲ませて、彼をお前に夢中にさせてやるよ」

と言われたら、あなたは悪魔にお願いしますか？

もしも答えがＹＥＳならば、あなたは「結果重視」タイプ。

望む結果が得られるならば、過程は関係ない、というタイプです。

ちなみに20歳のときの私は、大大大好きだった彼とつきあいたくて、「媚薬がほしい」と毎日思っていたので、うれし泣きしながら悪魔の誘いに乗っていたことでしょう。

一方、もしもあなたが、

「復縁はしたいけど、ウソの情報を吹き込んだり、魔法の薬なんていうのはフェアじゃないし、うれしくないから」

とNOの答えを出すならば、あなたは「自分重視」タイプ。

つまり、**結果よりも「フェアかどうか」という、あなたの「在り方」や「納得感」を重視するタイプ**です。

私は年月が経つにつれて、「結果重視」から「自分重視」に変わってきました。必ずしも結果が幸せをもたらしてくれるわけではないことに気づいたからです。

「結果重視」の人は、たとえば復縁という「結果」だけが自分を幸せにしてくれると思っていて、その結果に自分の幸せをすべてゆだねています。

復縁できたときだけ幸せで、復縁できなければ幸せにはなれないのです。

一方「自分重視」の人は、結果だけでなく「自分の在り方」や「納得感」が大切なため、目先の結果にあまり振り回されません。

復縁に自分の幸せをすべてゆだねていないのです。

つまりそれは、彼に対してステータスが高く、余裕を持っていられるということ。

もしもあなたが「自分重視」でいることができれば、冷静に、彼のことを思いやった対応ができるはずです。

そして彼はあなたに、あなただけの魅力と落ち着きを感じます。

当然、復縁の成功率は驚異的にアップすることでしょう。

さらに復縁したあとも、彼はあなたにいつまでも魅力を感じ続け、二人は楽しく安定した、幸せな関係を築いていくことができるのです。

さらに魅力を増す「モーニングページ」のススメ

あなたの輝きは、全部あなたの中に入っています。

それを取り出す一つの方法をご紹介しますね。

それは「モーニングページ」です。

これは、毎朝ノートに3ページ分、頭に浮かぶことをそのまま書いていくという方法です。パソコンではなくノートに手で書くのがポイント。

内容はたとえば、

「あー、ねーむーいーーー。はー、今日は彼とごはん食べるんだね。ひさしぶりー、楽しみだー。緊張するよー。どこ行こーかなー、ていうか18時に駅とか間に合うのかいな？　ていうか間に合わせるでしょ。仕事なんか切り上げるでしょ」

などでいいのです。

夢とか目標とか、もっと意味のあることを書かなくていいのかな、と思うかもしれませんね。

しかし、**頭に浮かんだことをただそのまま「たれ流す」ことが重要**。

雑念を流していくことで、あなたの中にもともと備わっている魅力がどんどん発掘されるからです。

そうすると、不思議とあなたの気に入った人が近づいてくるようになり、こうなったらいいなと思ったことが当たり前のように実現するようになります。

そして、**書いている途中で自分でもびっくりするようなひらめきがくる**ことがあります。

「私が彼にこだわるのは、劣等感からだったんだ！　そりゃ彼にとっては居心地がよくないはずだわ」などと気づいたりして、根底からスッキリするのです。

私は2005年の終わりから『ずっとやりたかったことを、やりなさい』(ジュリア・キャメロン著、サンマーク出版）という本を読んでこれをはじめましたが、自分がどんどん発掘されて、人生が激変しました。

ぜひ、この「モーニングページ」を、彼とのリセット期間、まだまだ自分磨きをがんばれるあなたの、強力な武器の一つとして覚えておいてくださいね。

個人的には、なにを判断するのも、決めるのも、とりあえず1カ月モーニングページをしてからにしてほしいくらいオススメの方法です。

あなたと彼が出会い直すまでの期間を、半分どころか、3分の1に短縮してしまうかもしれないくらい強力なツールなのです。

テクニックはもう必要ありません

大事なのは細かいことより本質のところ

先日、復縁希望の女性に、「元カレとは仕事で月に一回くらい連絡をとらないといけないのですが、部署を変えて接触を絶ったほうがいいのでしょうか？」と聞かれました。

「こまけぇこたぁいいんだよ。それよりも本質を見てください」とお答えしたところ、彼女は「それが聞けてホッとしました」と言っていました。

そもそも「月イチで連絡をとったら、絶対に復縁できない」などという単純なものではない、と私は思っています。

復縁を希望する女性たちから、

「彼からのメールが途切れてしまったのですが、メールしてもいいでしょうか？」

「昨日彼と会えたのですが、どんなメールを出したらいいでしょうか？」

「彼からの誘いにすぐに乗ってしまったから飽きられたのでしょうか？」

などの質問をたくさんもらいます。

しかし、女性たちが気にするほど、こんなささいな行動だけをモトに、人は人を好きになったり、ならなかったりしないと私は思うのです。

私たちは、本当はわかっています。

恋愛の本などで書かれているテクニックは、ほんのわずかな部分でしかなく、実際はその人（電話やメールなどでも）から伝わる、深い部分で感じるなにかが、人の感情や気持ちを左右するのだということを。

大事なのは彼があなたから受ける、「感」なのです。

たとえば銀座のすごいママがいたとします。

ママは男性や人生の機微を知り尽くした、すごく器が大きい人。

男性が愚痴をこぼしたときの、彼女の「そうだったの。わかるわ」という一言には「本当にわかってる感」「包容力」がすべて表現されていて、男性はそれを聞いて、安心したり癒されたりしてしまうわけなのです。

セリフの内容なんて「そうだったの。わかるわ」だけなのに、人はセリフそのものよりも、彼女の全体の表情や雰囲気から、彼女の器の大きさを感じます。

では、男性に癒しを感じさせたい女性は、ママの口調や表情を真似て、「そうだったの。わかるわ」と何十回も何百回も練習したらいいのでしょうか？

もちろんそれも一つの方法ですし、もしかしたら一瞬は、癒しや包容力を感じさせることができるかもしれません。

ところが口調を真似しただけでは、応用がまったく効かないのです。

なぜなら彼女に実力がともなっていないから。

あるときは、「あははは！　そうだったんだ。わかる！」のほうが彼は楽になるかもしれませんし、あるときは「ちょっとちょっとー、あなたらしくないわよ。しっかりしなさいよ」と言ってあげたほうが、彼は感激するかもしれません。

口調や表情といった、表面を模倣するだけでは、ただの猿真似です。場の空気や相手の心の機微が読み取れないのですね。

つまり「急がば回れ」で、包容力を感じさせたいなら、恋愛の本を読んだりデートしたりして男性を理解することで、包容力を身につけてしまえ、ということ。

言葉のチョイスや連絡頻度といった「こまけぇこと」をそんなに気にしなくても、あなたが男性を包みこめるくらい大きな女性であれば、自然とそれは伝わりますし、あなたのとる行動も雰囲気もすべて変わってくるのです。

信頼関係があれば、たった一言で壊れたりしない

「細かいことは気にしなくていい」と一見矛盾するようですが、たった一言が彼の心をわしづかみにすることもあれば、百年の恋をも冷ますことがあります。

もしかしたらあなたは、「あの一言で彼が怒ってしまった。失言だった。失敗した」などと動揺することがあるかもしれません。

しかしそれは「言葉の問題」や「言いまちがい」ではありません。

あなたの出す一通のメールには、現在のあなたがすべて出ているのです。

まずメールを出すのか出さないのか、そして内容、さらにちょっとした言葉の使い方、絵文字の使い方、返信までの時間、そういった小さい部分の一つ一つは、現在の

あなたの知性、精神状態、表現力、想像力、気遣い力などの集大成。

まさに「たかが一言、されど一言」です。

また、よくお話を聞くと、その一言が問題で彼を怒らせてしまったのではなくて、彼女が自分から離れられない、とわかっている彼が、彼女にイチャモンをつけているだけ、ということも多々あります。

彼女は彼の顔色をうかがって、機嫌をそこねないように必死だという、二人のステータス関係が浮き彫りになっていたりするのです。


お互いがわかりあって、しっかりと信頼関係ができていれば、一言の言いまちがいや誤解があっても、関係がすべて崩れたりなどしません。

「ん？　今の言葉ってどういうこと？」と即座に確認したり、「彼女らしくないな。ちょっとあわててたのかな」とスルーしてくれたりするものです。

もしも「たった一つの言いまちがい」だけで二人の関係が変わってしまったと思えるのならば、それは二人の本当の関係が浮き彫りになっただけなのかもしれませんよ。

だから、彼にメールを出したからとか、返信するのが早かったから、またはすぐにデートしたから、復縁できるものができなくなるのでは、などと心配することはありません。

そんなことよりも、あなたと一緒にいたいと彼が感じるのは、もっと奥深くの部分なのですから。

バージョンアップしたあなたが、ただあなたらしくあるだけで、彼はあなたに吸い寄せられてしまう確率がぐんと高まるのです。

これから二人の物語・第二部のはじまり

「後悔」は成長のあかし

私のところに届くメールに、「もっと早くＡＮＮＡさんの本に出会いたかった」「彼とつきあっているときに、この本（ブログ）を読んでいれば……！」という言葉がしょっちゅう書かれています。

その気持ち、私もとてもよくわかるのです。

なぜなら、男性の心理を知るにつれて、私も昔のことをひどく後悔しましたから。

そして今でもときどき、「今の私が、昔、振り向いてくれなかった人と出会ったら、好きになってもらえるのかなあ」などと考えることがあります。

でもね。

そんなに後悔するということは、あなたがそれだけものすごく成長したというあかしなのですよ。

自分を「ダメだった」と思えるのは、それだけ多くのことに気づいて、以前と比べて今はびっくりするほど変わったからなのです！

だって、なにも変わっていなければ、なにも気づかないままですもの。

後悔した時点で、あなたはすでに成長しているということなのですよ。

当時のあなたは、いろいろなことを知る必要がなかったのです。

しかしあなたは今、男性の心理を知ったり、あなた自身をコントロールする必要にせまられました。

だからこそ、かわいたスポンジのように、さまざまな素晴らしいものを吸収できる状態にあるのです。

恋愛がうまくいっていて、彼があなたを大事にしてくれていたままならば、あなたはなにも変わる必要を感じず、以前のあなたのままでいたことでしょう。

しかしこれからは、同じことを繰り返さないあなたになり、**そのあなただから出会う人も変わり、つきあう人も変わり、つきあう人を幸せにすることができる**ようになるのかもしれません。

いったん彼との関係が終わったからこそ、あなたをバージョンアップするための、大きなはずみがついているのですよ。

あなたの感じる後悔の大きさは、あなたの成長の大きさなのです。

「はじめまして、よろしく」で再スタートしよう

ついに、あなたと彼は出会い直し、またつきあうことができました！

彼との時間がまたスタートするのですね。

しかしここで「復縁したい人」だったあなたならではの問題点が出ることも。

それは、復縁を目指しているときは、どうしても彼を美化しがちだということです。

復縁を望んでいる間というのは、彼とまたつきあえれば、なにもかもが満たされて、思いっきり幸せなはずだ、とつい思いがちなのですね。

しかし、そう思って彼とつきあうと、あなたはずっと描いていた夢と現実のギャップに、少しがっかりすることがあるかもしれません。

これは「結果重視」で、復縁に自分を幸せにしてもらおうとしているときに多く起こるように思います。彼が自分の問題をすべて解決してくれるスーパーヒーローだという幻想を持っていたのですね。

でも、そんなときこそ、まず目の前の、そのままの彼を見つめましょう。記憶や思いこみなんてあてにしないで、今、目の前にいる彼を再び、一から知っていくのです。

彼は夢でも幻でもなく、スーパーヒーローでもない、あなたと同じ等身大の人間です。

今のあなたは彼と出会い直す前よりも、彼のすべてをそのまま受けとめられる女性になりましたね？

そして、これからもし二人になにか問題が起きたとしても、それを一緒に乗り越えていく強さと大きさが備わっていますね？

そう。

二人で笑い、ぶつかりあって、一緒に幸せをつくっていくほうが、彼に一方的に幸

せにしてもらうことよりも、二人で生きている実感が味わえて、何倍も喜びが大きいのです。

出会い直したあなたと彼には新しい未来が待っています。

「はじめまして、よろしくお願いします」

くらいの感覚で、新しくはじめていきましょう。

以前の二人は、物語の第一部でした。

そして、これからはじまる第二部は、出会い直した二人の新しい物語なのです。

おわりに　あなたのベストを積み重ねていきましょう

あなたがやれることをやって、瞬間瞬間を爆発しながら生きていたら、キラキラ輝いている「今」ができます。

その「今」が「今」「今」「今」とつながっていき、すべての「今」が輝いていたら、あなたの「今」をつなげた道のりは、ずーっと輝きの道ではありませんか？

あなたが復縁に向かっている途中も、復縁した瞬間も、復縁したあとも、すべて同じ輝く「今」。

あなたがあなたになったときに、心と体が勝手に動いてしまうような望みであるならば、そこに向かっている最中も満たされているのです。

そうして、毎瞬が、あなた自身としてベストを尽くした「輝く今」であるならば、毎瞬が目標達成のゴールになるのですよ。

あなたが間違いなく輝かせることができるのは「今」だけ。

「今」「ここ」に答えが全部あります。

充足感も幸せも、すべて「今」「ここ」にしかないのです。

もしも今、この瞬間のあなたが、完全にあなたでいられたら、あなたの人生はすべて成功であり、肯定されるのです。

伝わっていますか？

「今」しか生きられないのですから、「今」が満たされれば、すべてが満たされるのですよ。

完全版刊行にあたって　とにかく応援しています

この本のはじめに、私は夫と離婚し、復縁再婚したことを書きました。

5年の結婚生活がとてもつらく感じ、離婚を望んだのは私の方でした。

しかし、離婚後も私はまだ夫を愛していたため、愛する人と一緒にいられない現状を受け止めきれず、一人でいるときには、彼が私に追いすがった表情が何度も唐突にフラッシュバックして、台所でうずくまって号泣することもありました。

離婚後の私と夫はというと、結婚という束縛から解放されたためか、嘘のようにいい関係になっていました。

とはいえ、再び結婚すれば同じことの繰り返しになることは目に見えていたため、私は新しい人を見つけようと婚活をはじめたのです。

ネット婚活をメインに何人もの男性とメッセージのやりとりをしたり、お茶や食事をしたり、オフ会に参加したりしましたが、出会えば出会うほど、いかに元夫が自分に合う人なのかということ、そして自分と彼はまだ終わっていないのだということを、つくづく思い知らされました。

元夫を好きなのに未来がないという苦しさに耐えられず、離婚してから約３カ月後、私は信州内観研修所《しんしゅうないかんけんしゅうじょ》で一週間の集中内観《しゅうちゅうないかん》（人生や自己を客観視する手法）を体験しました。

集中内観が終わった日の夜、離婚後初めて、以前のようにぐっすりと眠ることができたのでした。

それから約半年後、私はまるで強い力で引っ張られるように南インドの聖山に行き、不思議な旅をしました。

私は２００７年に離婚をしてから、書籍化を目指してブログを書いていたのですが、旅の途中で出版社の人から書籍化について打診するメッセージを受け取り、それを読んだパソコンのディスプレイの前で涙を流し、２カ月で帰国して、本を書くことになったのでした。

その後、夫も集中内観を受け、私は立て続けに４冊の本を著し、離婚する原因が完全になくなったと確信して、２０１０年９月に再婚しました。

私たちはもともと結婚していて、さらに別れてからも週の半分は一緒に過ごしていたので、この本に書いてあるパターンとは一見違うように見えるかもしれません。

しかし本質的にはこの本に書いたように、離婚という形で関係をリセットし、二人ともがバージョンアップし、離婚の原因がなくなり、出会い直したのです。

推測でしかありませんが、もしも別れていなければ、ズルズルと悪い関係、壊れた関係が続いていたのではないかと、私は思っています（この本を再び刊行するにあたり、私自身の体験談を書くことで完全版としました）。


また、もう一つお伝えしたいことがあります。

あなたが、「ピュアなあなた１００％」に近づいていくと、好きな人とだんだん合わなくなってくるかもしれません。そういうことが、ありえるのです。

そんな場合、あんなに好きだったはずなのに、あまり楽しくない、話が微妙に嚙み合わない、気持ちがそれほど盛り上がらない、といった感覚を覚えるでしょう。

あれ、おかしい、そんなはずない、あんなに会いたかった〇〇さんと会えたのに、やり直したかったはずなのに、と焦りを感じるかもしれません。

そんなとき、ぜひあなたに以下のことを思い出してほしいのです。

それは、無理やり、彼を好きな気持ちを復活させようとがんばらないこと。

違和感を押し込めないこと。

そしてその違和感を大事にすること、です。

その違和感は、あなたと彼は合わないんだよ、と教えてくれているのです。

あなたの奥底では、本当は気づいているのです。

彼が大好きで絶対にやり直したい、というのは、あなたの過去の執着です。

でも、今会ってみて違和感を感じるならば、それが、あなたが今ここで感じている本当のことなのです。

もちろん、復縁したくてすごく頑張ってきたのですから、その執念を成仏させるために彼とつきあってみてもいいと思います。

だけどけっして、「ピュアなあなた100%」を70%とか50%にして彼に合わせようとしたり、違和感に目をつぶらないでくださいね。

それだけをお願いします。

ではでは、私はこれからのあなたをずっと応援していますよ。

2017年11月

ANNA

装幀・本文デザイン　水戸部功
DTP　三協美術
編集　江波戸裕子（廣済堂出版）

[著者プロフィール]

ANNA(アンナ)

恋愛研究者。「もう男性に振り回されたくない！」という動機から恋愛研究を開始。キャバクラ、六本木、銀座の有名クラブなどでホステスとして活躍し、合コン、お見合いパーティー、ホストクラブなどを含め合計約5000人の男性と会話する。さらに、男女問わずインタビューをする習性があり、独自の感性で恋愛の原理を解明。「せっかくの研究成果を自分ひとりで抱えているのはもったいない」とブログ、そして本の執筆を開始する。読者からは「恋愛がうまくいかない理由がわかった」「彼氏ができた」「復縁できた」「結婚できた」「片思いをスッキリあきらめられた」「心が楽になった」などの声が多数。

http://aru-anna.net

本書はすばる舎より刊行された『どうしても忘れられない彼ともう一度つきあう方法』を加筆修正のうえ、再編集したものです。

どうしても忘れられない彼ともう一度つきあう方法 完全版

2017年12月24日　第1版第1刷

著者　ANNA

発行者　後藤高志

発行所　株式会社廣済堂出版

〒101-0052

東京都千代田区神田小川町2-3-13 M&Cビル7F

TEL　03-6703-0964(編集)

03-6703-0962(販売)

FAX　03-6703-0963(販売)

振替　00180-0-164137

http://www.kosaido-pub.co.jp

印刷所・製本所　株式会社廣済堂

ISBN978-4-331-52133-5 C0095